そこが知りたい
マンション大規模修繕
Q&A

岡 廣樹 =監修・著

三浦 明人・呼子 政史・井上 一也 =著

はじめに

　本書は、『はじめてのマンション大規模修繕』（岡　廣樹・三浦明人著、東洋経済新報社）、『価格開示方式（RM方式）によるマンション大規模修繕』（岡　廣樹編著）の姉妹書として、マンション管理から大規模修繕工事の「疑問点」をQ＆A（一問一答）形式で詳しく解説したものです。

　本書が解説している「疑問点（Q）」は、マンション管理も含め、腰を据えて模索・抽出したもので、大規模修繕工事を行うための情報を網羅したものになっています。

　マンションを終の棲家にしたいという人が増えているそうです。国土交通省の平成20年度のマンション総合調査では、区分所有者の約半数が終の棲家にしたいと答えています。

　終の棲家とは、大辞泉によれば、「最後に安住する所。これから死ぬまで住むべき所」ということのようです。

「最後に安住する所！」

　国土交通省の調査は、たいへん重い結果を暗示しています。日本のマンションの寿命を欧米並みにしなければなりません。

> 　唐突ですが、あなたは、今住んでいるマンションにあと何年住みたいですか？
> 　あなたのマンションは、管理組合として何年住むか決めていますか？
> 　あなたのマンションでは、長期修繕計画をマンションの終末を意識して作成していますか？
> 　あなたは、あなたのマンションの建替えを考えたことがありますか？

この質問は、マンションに住まう人々にとってたいへん重要な質問です。『はじめてのマンション大規模修繕』の冒頭に掲げている質問です。
　マンションを購入するときや第1回目の大規模修繕工事の時等の比較的新しいマンションではピンとこないと思います。マンション購入時には、新しいマンションに住めることが嬉しくて、マンションの将来なんか考えもしません。また、デベロッパー、管理会社など、マンションの寿命など誰も教えてくれません。
　最近になって、環境意識の高まりから100年住宅が意識されるようになり、やっと100年を目標とするマンションがあらわれました。100年マンションと謳っていないマンションでも何れは、「いつまで住むか」「いつまで持たせるか」を意識をせざるを得ない時がきっと来るのです。今から準備しても決して早すぎることはありません。
　まず、あなたのマンションの何年を決めましょう。50年？　60年？　80年？　100年？……
　例えば、築30年のマンションなら、あなたが35歳の時に新築マンションを購入・入居したとすれば、現在、65歳！　元気なあなたは、まだ現役で働いているでしょう。中には、悠々と年金生活をされている方もおられるでしょう。
　もし、マンションの寿命を50年と決めれば、あなたは、20年後の85歳で建て替えをするか、解体して管理組合を解散し、資産の分配をするかどうかなどの決議をすることになります。
「20年先のことなんか生きているかどうか！」
とお思いでしょうが、
「私は絶対85歳まで生きる！」
　残念ながら、このマンションは「終の棲家」にはなりません。
　それでは、もっとマンションの寿命を延ばしましょう。

　最近の長期修繕計画は、新築時30年間、更新時25年間が一般的です。築30年のマンションで長期修繕計画を普通に作成すれば築55年目までのものになります。12年ピッチで大規模修繕工事を行っていれば48年目も大規模修繕工事を行うことになります。それならば、「60年の寿

命にしよう！」と管理組合で決めれば、48年目の大規模修繕は60年目の状態と解体を考慮した長期修繕計画で修繕積立金を決めることになります。

　しかし、だらだらとした自動更新は、スラム化の一因となります。マンションの目標寿命を管理組合で決めること、それが区分所有者とその家族の安全・安心な生活を保証することになります。

　人は住む権利を有しています。
　人は住む権利は保証されなければなりません。
　人は住む権利を侵害してはなりません。

　これを管理組合に当てはめれば、以下のようになるのでしょうか。
① 　管理組合は、住む権利を有している区分所有者の団体です。
② 　管理組合は、区分所有者とその家族の住む権利を自ら保証するための団体です。
③ 　住む権利を侵害する者から財産を自ら守るための団体です。

　以上の観点からみれば、マンションを優良に維持し、保全することが管理組合の当然の業務となります。

　1981年の建築基準法の改正で耐震基準が強化されました。それ以前の建物は「旧耐震」という名のもと「既存不適格」建物として存在しています。これらのマンションには不安があります。管理組合は、住む権利を自らが保証しなければなりません。60年間住むと決めれば、残りの30年間を不安の中で暮らすのか、耐震補強して安心に暮らすのかの選択をしなければなりません。

　大規模修繕工事の意義は、マンションでの快適な住む権利を担保するものです。決して、怠ってはならないものです。マンションの寿命を定め、それに基づいて長期修繕計画を定め、粛々と維持保全することが、平穏な生活と資産を守るものとなります。

大規模修繕を管理組合の立場から考えてみます。

第1に、「説明責任の達成・合意形成」です。

発注者としての管理組合は、区分所有者の集まりであり、管理組合の執行機関は、総会と理事会、そして、理事長です。管理組合での事業執行上の必須条件は、説明責任を達成し、合意形成を行うことです。

第2に、「透明性・公平性の達成」です。

理事会・理事長が事業を推進する上で留意しなければならないのは、区分所有者すべてが利害関係者であるということです。また、区分所有者に関係する者も利害関係者になる可能性があります。それを調整するためには、高度な透明性と公平性が求められます。

第3に、「知識の伝達」です。

管理組合に建築知識を持っている人がいなくても、設計内容について、一定の判断は、管理組合に委ねられます。その判断の間違いにより不具合が起これば、発注者の責任になるのでしょうが、管理組合としても判断は必要です。判断のために、プロとしてＲＭｒや設計者・施工者は、必要最低限の知識を管理組合に伝達する努力が必要です。

以上３つの条件を達成しようとすれば、プロが職業倫理という概念を常に持って行動を起こすことが肝要です。プロも自分たちの経験と知識を如何に生かせるかを考えなければなりません。

岡　廣樹

▸目次

はじめに …3

1 マンションについて
- 01 「マンション」とは、日本独特の言い方のようですが？ …16
- 02 マンションには、どのような構造的な種類がありますか？ …17
- 03 分譲マンション（区分所有建物）とは、どのような意味でしょうか？ …18

2 マンションの管理について
- 04 管理組合とは？ …20
- 05 管理組合と管理組合法人とは？ …21
- 06 管理規約とは？ …22
- 07 賃借人は、管理組合の理事になれるのですか？ …22
- 08 マンションの管理者とは誰の事ですか？ …23
- 09 区分所有者とは？ …24
- 10 区分所有者の役割（権利義務）はありますか？ …24
- 11 理事会は、どのような役割がありますか？ …25
- 12 総会での「普通決議」と「特別決議」の違いは何ですか？ …26
- 13 共用部分と専有部分の区分を教えて下さい。 …27
- 14 管理費と修繕積立金は何が違うのですか？ …29
- 15 管理費は、どのような事に使用されるのですか？ …30
- 16 修繕積立金は、どのような修繕に使用されるのですか？ …30
- 17 適切な修繕積立金はいくらぐらいになりますか？ …31
- 18 修繕履歴（マンションカルテ）とは？ …33
- 19 修繕履歴（マンションカルテ）の管理方法で気をつけることはありますか？ …34
- 20 長期修繕計画とは？ …34
- 21 長期修繕計画の見本となるものはありますか？ …36
- 22 長期修繕計画を作成するにあたり、注意する点はありますか？ …37
- 23 長期修繕計画の対象範囲はどこまでですか？ …38

24	長期修繕計画の大規模修繕の予定年度において、修繕積立金累計額が推定修繕工事費の累計額を下回る場合はどのような対応策がありますか？ …38
25	修繕積立金の改正（値上げ等）が必要な場合の方法はありますか？ …39

3 大規模修繕の進め方について

26	大規模修繕とは？ …42
27	大規模修繕は、どのような目的があるのですか？ …42
28	計画修繕と大規模修繕の関係はありますか？ …43
29	大規模修繕を実施するために必要な資料はありますか？ …43
30	大規模修繕を実施する周期や年度はありますか？ …44
31	大規模修繕を実施すべきかの判断をどのように決定すべきでしょうか？ …45
32	大規模修繕の実施方式に種類はあるのでしょうか？ …46
33	大規模修繕は、総会での決議が必要ですか？ …47
34	大規模修繕の一般的な費用はどれくらいでしょうか？ …48
35	大規模修繕をどのように計画し、進めればいいのですか？ …48
36	理事会として、どのように進めていけばいいですか？ …53
37	専門委員会には、どのような役割がありますか？ …53
38	計画修繕にはどのような専門家がいるのですか？ …54
39	専門家に依頼すべきですか？ …55
40	専門家はどのように募集、選定、決定を行うのですか？ …56
41	専門家への業務委託費の支出は、どのような手続きで行うのですか？ …57

4 大規模修繕の劣化診断・調査について

42	劣化診断・調査は、どのように進めればいいのですか？ …60
43	劣化診断・調査の費用と予算措置はどのように行うのですか？ …61
44	劣化診断・調査はどのような事を行うのですか？ …61
45	屋上やバルコニー等の防水面の劣化診断・調査には、どのような方法がありますか？ …66
46	劣化にはどういったものがありますか？ …66
47	バルコニー調査を行う住戸数の目安はありますか？ …68

48 調査対象となるバルコニーの選定はどのように行うのですか？ …68

5 大規模修繕の設計・仕様について

49 大規模修繕では、どのような工事項目がありますか？ …70
50 鉄筋コンクリートのひび割れや欠損等の補修の方法は、どのように行うのですか？ …72
51 足場の設置が必要な工事、不要な工事があるのですか？ …73
52 仮設足場の種類はどういったものがありますか？ …74
53 外壁塗装は、どのような工事をするのですか？ …74
54 タイルの補修は、どのような工事をするのですか？ …75
55 外壁の塗装には種類がたくさんあり、どこにどの塗料を使えばいいのかわかりせん。また、グレードも様々あり何が良いのかわかりません。 …76
56 鉄部塗装はどのような工事をするのですか？ …76
57 シーリング工事は、どのような工事をするのですか？ …78
58 防水工事は、どのような工事をするのですか？ …78
59 玄関ドアの経年劣化を修繕するには、どのような工事があるのですか？ …80
60 サッシ窓を修繕するには、どのような工事があるのですか？ …81
61 サッシ窓の網戸は、大規模修繕で対応してくれるのでしょうか？ …81
62 エントランス等の共用部分のバリアフリー化やイメージを変えたいのですがどのように行えばいいのですか？ …82
63 外構（舗装等）の修繕方法はどうすればいいですか？ …82

6 大規模修繕の施工会社選定について

64 施工会社を選定するにあたり、重要な事はありますか？ …86
65 施工会社の選定方法には、どのようなものがありますか？ …86
66 施工会社の公募方法は、どのように行うのですか？ …87
67 公募する場合の施工会社の選定は、どのように進めればいいのですか？ …88
68 大規模修繕の施工会社には、どういった会社がありますか？ …88
69 施工会社の見積依頼は、どのように行うのですか？ …89
70 工事請負契約書の中で、見積書上の実数清算項目とはなんですか？ …89
71 施工会社のヒアリング（面接）は、どのように行うのですか？ …90

7 大規模修繕の工事について

- 72 大規模修繕の着手時期の目安はありますか？ …92
- 73 工事期間中の理事会や専門委員会の進め方はどのようにすればいいですか？ …93
- 74 工事監理とは、どういった事を行うのですか？ …93
- 75 工事期間中の検査には、どのようなものがあるのですか？ …94
- 76 工事は、土日、祝日も行われるのでしょうか？ …95
- 77 工事の作業時間帯は決まっていますか？ …96
- 78 バルコニー内の工事があるようですが、エアコンは工事中に使用できますか？ …96
- 79 在宅が必要な工事はありますか？ …97
- 80 工事中にバルコニーに洗濯物は干せますか？ …97
- 81 網戸を外す方法がわかりませんがどのようにすべきですか？ …98

8 大規模修繕工事後について

- 82 瑕疵担保責任とはなんですか？ …100
- 83 アフターサービスとはどのような事を行うのですか？ …101
- 84 アフターサービス内容や年数は決まっていますか？ …102

9 大規模修繕・応用編　具体的な質問

- 85 管理組合の維持保全の考え方について …104
- 86 大規模修繕発起の助言について …104
- 87 修繕委員会の位置づけについて …105
- 88 大規模修繕の決議要件について（規約で特別決議となっている場合）…107
- 89 コンサルタントの選び方について …108
- 90 大規模修繕に際して、修繕積立金の不足の場合の措置について …110
- 91 修繕積立金の値上げについて …111
- 92 劣化診断・調査費用の使途について …112
- 93 団地の場合の修繕積立金の使途について …113
- 94 大規模修繕実施のための総会決議の時期について …114
- 95 大規模修繕の実施時期の考え方について …115
- 96 調査アンケートについて …116

97 劣化診断・調査の必要性について …117
98 塗膜付着力試験について …117
99 赤外線調査について …118
100 下地補修工事の実費精算について …119
101 劣化診断・調査による仕様書案での工事会社選定について …119
102 足場の選択について …121
103 大規模修繕工事の一人乗りゴンドラ使用について …122
104 外壁の旧塗膜の剥離について …122
105 塗料の種類と選び方について …123
106 施工10年目以降の屋上防水の施工について …124
107 バルコニーの床の仕上について …125
108 ルーフバルコニーの防水仕様について …125
109 防水工事の防水保証について …126
110 シーリング材の更新について …127
111 玄関ドアの室内側の塗装について …128
112 階段の手摺の設置について …128
113 大規模修繕の建築確認申請の有無について …129
114 施工会社の選定について …130
115 施工会社の選定について …131
116 大規模修繕の施工業者選定について …132
117 大規模修繕の施工会社の保証について …133
118 バルコニーの私物の扱いについて …135
119 大規模修繕工事の仮設の電気、水道の提供について …135
120 大規模修繕工事のアフターサービス検査について …136
121 バルコニーから漏水の場合の品確法による瑕疵担保責任について
…136
122 バルコニーの区分所有者所有の人工芝の扱いについて …138
123 大規模修繕工事と共に行う専有部分の工事受注について …138
124 共用部分の一部変更について …139

10 設備について

125 マンション設備で劣化診断・調査が必要なものはなんでしょうか？
…144
126 設備劣化診断・調査にはどういった項目があるのですか？ …146

127 設備（給水、排水、電気、機械等）の劣化にはどういったものがありますか？ …146
128 給水方式（システム）には、どのような種類がありますか？ …147
129 給水方式を変更した方が良いと言われましたが？ …148
130 給水管（給水設備）の修繕は、どのような方法がありますか？
…148
131 排水管の修繕は、どのような方法がありますか？ …149
132 床下コンクリートスラブ下の排水管は、専有部分なのですか？
…149
133 浴室の修繕は、どのような方法がありますか？ …150
134 消防設備の修繕は、どのように考えたら良いのですか？ …151
135 ガス設備の修繕は、必要ですか？ …152
136 電気設備の修繕は、どのような種類がありますか？ …152
137 照明器具の修繕は、どのような方法がありますか？ …152
138 防災設備の修繕は、どのような方法がありますか？ …153
139 エレベーターの修繕は、どのような方法がありますか？ …153
140 機械式駐車場の修繕は、どのような方法がありますか？ …154
141 中央給湯方式について …154
142 給水管保全について …155
143 給水管について …156
144 エレベーターの更新時期について …157

11 耐震補強について

145 マンションの地震対策は、どのようなものがありますか？ …160
146 地震による被害が発生しやすいマンションとは？ …160
147 旧耐震基準とは？ …161
148 旧耐震マンションには、どのような問題があるのですか？ …162
149 旧耐震基準であっても、壁式構造の建物は、比較的安心できると聞きましたが？ …162
150 耐震診断は、どのような事を行うのですか？ …163
151 耐震診断は、どのように進めるのですか？ …163
152 耐震診断はどこに頼めばいいのですか？ …164
153 耐震改修とは、どのようなことをするのですか？ …165
154 耐震診断の予算処置はどのように行えばいいのですか？ …165

155 耐震診断を行う上で、助成金はあるのですか？ …166
156 耐震診断の実施について …166
157 耐震補強の合理性について …167

12 価格開示方式について

158 価格開示方式の場合、従来方式に比べるとコストが安くなりますか？
…170
159 設計監理方式ですべての金額をオープンにする契約にすれば良いのではないですか？ …170
160 重層請負とはどのようなことでしょうか？ …171
161 責任施工方式との違いが非常にわかりにくいのですが？ …172
162 住民のクレームは誰が聞いてくれるのですか？ また、工事に関しては、居住者がいろいろな問題を出してくる可能性があるので、1社に全体工事を発注するほうがリスクマネジメントをしてくれるのではないですか？ …173
163 分離発注する専門工事会社はどのように選定するのですか？ また、管理組合が決めることができますか？ …174
164 分離発注することによって、かえってＲＭ会社の業務量が増えて値段が高くならないでしょうか？ また、かなりの業務量をこなす能力のある人がいるのでしょうか？ …175
165 インセンティブの問題ですが、最初から工事費用を高く設定しておけば、結果として安くなるのでは？ 本当の金額は価格開示方式（ＲＭ方式）ではわかるのですか？ …176
166 実際に仕事をする職人さんの技量を保証してくれるのですか？
…177
167 瑕疵の補修やアフターサービスは誰がしてくれるのですか？ また、どこに連絡すればよいのですか？ …178
168 瑕疵保険をかけるメリットを教えてください …178
169 瑕疵保険をかけた場合に、緊急性のある雨漏り等の補修対応は誰がしてくれるのですか？ …179
170 従来方式できちんとした業者を選べば一番よいのではないでしょうか？ＲＭ料を支払う分だけ高くつくのでは？ …180
171 価格開示方式に、なぜ3パターン用意したのですか？ …180
172 完成保証とは、全体の保証という意味ですか？ …181

173 管理組合とRM会社の共同事業体の施工調整者とはどのような仕事をするのですか？ …182
174 工事統括管理とはゼネコンの仕事をするということですか？ …183
175 従来方式と価格開示方式（RM方式）では、どちらが住民の意見を細かく反映することが可能でしょうか？ 工事中でも住民要望に応えてくれますか？ …183
176 上限金額の設定とはどのようなことでしょうか？ …184
177 施工調整者は、工事中に毎日マンションに来てくれるのですか？ …184
178 品質の良し悪しはどのように判断するのですか？ …185
179 管理会社は、劣化診断・調査の見積書は図面から算出すると言っていましたが、図面だけで作成できるものですか？ …186
180 RM会社が管理組合と同じ立場で仕事をすると言っていますが、本当に信じて良いのですか？ …186
181 RM会社は劣化診断・調査や設計ができるのですか？ …187
182 原点に戻りますが、どうして12年ごとに大規模修繕を行わなければならないのでしょうか？ …187
183 従来の施工方式と価格開示方式（RM方式）のコスト比較をしたいのですが、可能ですか？ …189
184 下地補修で事前調査と実際に足場を建てたときの差は、どれぐらいあるものですか？ …189
185 数量積算の誤差はどれぐらいあるものですか？ …190

おわりに …191
執筆者紹介 …197

1 マンション について

Q01 「マンション」とは、日本独特の言い方のようですが？

A ANSWER マンションとは、一般的に日本では、主に鉄筋コンクリート造等の中高層の共同住宅を表す言葉として使用されていますが、法律上は分譲マンションの事をいいます。

アパートとの区別については、規定はありませんが2階建て程度の木造若しくは、軽量鉄骨造のものをアパート、鉄筋コンクリート造のものをマンションと呼ぶ例が多いようです。

また、賃貸物件やアパートを呼ぶ習慣も一部ではありますが、有名な高級賃貸マンションで「代官山アパート」等もあり、はっきりとした定義はありません。

因みに、マンションの語源である英語では、豪邸等の意味で用いられることが多く、共同住宅の意味で用いられることのない「マンション」は、日本独特の表現です。英語圏では、米国でアパートメントハウス、コンドミニアム、英国では、フラットという名称が使われています。

また、分譲マンションのことを正式に「マンション」という言葉で定義したのは、マンションの管理の適正化の推進に関する法律（以下「マンション適正化法」という。平成13年8月1日施行）です。この法律では、「マンション」とは、鉄筋コンクリート造、木造、中高層の構造上の制限はなく、複数（2戸以上）の区分所有者が居ればマンションとなります。

したがって、巨大な共同住宅であっても所有者1人の場合は、法律上は「マンション」とは言えません。ただ、外観を見れば立派なマンションですし、マンションという名称を使っても問題はありません。マンション管理適正化法や区分所有法の対象外というだけです。

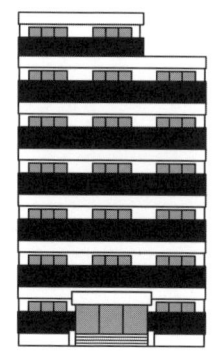

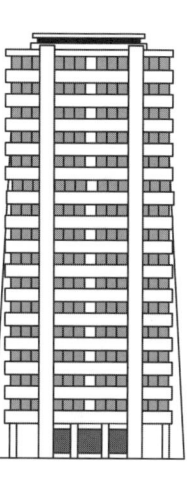

Q02 マンションには、どのような構造的な種類がありますか？

A ANSWER 分譲マンションの構造的な種類は、主に「鉄筋コンクリート（RC）造」、「鉄骨鉄筋コンクリート（SRC）造」があります。

マンションで多く用いられているのが、「鉄筋コンクリート造」です。「鉄筋コンクリート造」は、鉄筋をコンクリートに組み入れた構造です。鉄筋が主に引っ張る力を負担し、コンクリートが圧縮する力を負担します。また、コンクリートがアルカリ性であるため、鉄筋を錆から守る作用があり、お互いの長所を生かした構造です。

「鉄骨鉄筋コンクリート造」は、鉄骨を中心にしてその周囲に鉄筋を配し、コンクリートを流し込んだ構造です。「鉄筋コンクリート」の中に鉄骨を入れた構造といった方がわかりやすいかもしれません。そのため、「鉄筋コンクリート造」に比べ、強度や粘り強さが出るので、高層マンションに使用されてきました。今では、技術が進み、高層マンションでも鉄筋コンクリート構造が主体となっています。

マンションの構造で「鉄筋コンクリート造」や「鉄骨鉄筋コンクリー

ト造」が多いのは、上下左右の区画で共同で暮らすために「耐震性」「耐火性」「耐久性」「気密性」「遮音性」が必要であり、それらに優れた構造が選ばれたからです。

　また、違う視点で構造を見れば、壁式構造とラーメン構造があります。壁式構造は、鉄筋コンクリート造で耐震壁と床スラブから構成され、柱がない構造です。5階建てまでの低層のマンションで多く使われました。ラーメン構造は、柱と梁のある構造で低層から超高層まで汎用性のある構造です。

Q03 分譲マンション（区分所有建物）とは、どのような意味でしょうか？

A ANSWER 区分所有建物とは、区分所有の対象となる2つ以上の専有部分と共用部分から構成される建物です。

　マンションの購入者は、「区分所有法」に基づいて、当然に区分所有者となります。区分所有者は、購入したマンションの部屋を専有することができます。区分所有の対象の部分を「専有部分」、専有部分以外を「共用部分」といいます。共用部分は、区分所有者全員の共有であり、区分所有者全員で成立する管理組合で管理します。

2 マンションの管理について

Q04 管理組合とは？

ANSWER 管理組合とは、マンション等の区分所有法（区分所有建物についての建物の区分所有等に関する法律）に基づき区分所有者によって構成される団体です。

　区分所有者は、全員で、建物並びにその敷地及び附属施設の管理を行う団体を構成し、法律の定めるところにより、集会を開き、管理規約を定め、管理者を置くことができます。一部の区分所有者のみの共用に供されるべきことが明らかな共用部分をそれら区分所有者が管理するときも、同様です。例えば、1階に店舗のある複合型マンションでは、店舗管理組合と住宅管理組合とを構成し、また、全体管理組合を構成し、3つの管理組合が存在するケースもあります。

Q05 管理組合と管理組合法人とは？

ANSWER 一般の管理組合は「権利能力なき社団」として扱われ、法人格を取得した管理組合を管理組合法人といいます。

団体の中には、①団体法人としての組織を備え、②多数決の原理が行われ、③構成員の変更にかかわらず団体そのものが存続し、④代表者の選出の方法、総会の運営、財産の管理等、団体としての主要な要件が確定しているものがあります。このような団体のうち、法律の規定により、権利義務の主体となることを認められている（法人格を有する）ものが法人であり、法人を取得していないものは、「権利能力なき社団」と呼ばれています。

管理組合の大部分はこの「権利能力なき社団」に該当します。ただし、「権利能力なき社団」は法人と変わらない実態を備えていますので、理事長（管理者）名で契約ができますし、管理規約や総会を根拠に理事会等の代表者が裁判の当事者になることもできます。また、共用部分の修繕に際して融資を申し込む場合等、金融機関の側としても、会社その他の法人の規程を適用すべきであるとしています。すなわち、その預金は最終的に団体に帰属し、団体の構成員、代表者、あるいは代理人の個人財産とはみなされないのです。

しかし、「権利能力なき社団」では、建物や土地の所有権を変更する場合は、全員の同意が必要で、区分所有者全員の名義または代表者等個人の名義でしか登記をすることができません。しかし、管理組合法人では、その名において契約を締結し、権利を取得し、義務を履行することができます。そのため、不動産を取得して登記する場合、管理組合法人名義で登記できますし、自動車・銀行口座等も法人名義で保有できるようになります。結果として、管理組合を法人化することにより、管理組合法人の財産と、区分所有者である個人財産との区別が明確になります。

管理組合法人になるのでデメリットとしては、理事の変更等がある

とその都度、変更登記手続きをしなければなりません。また、財産目録や組合員名簿の作成が義務付けられていますので、そのための事務手続きの手間や経費が増すこと等が挙げられます。

Q06 管理規約とは？

A ANSWER マンションの管理運営についての基本的なルール（規則）を取り決めたものです。

管理規約には、専有部分と共用部分の範囲、管理組合に関すること、理事会や役員に関すること、総会・議決権・決議の仕方等が記載されます。共同生活の細かいルールについては、別に定める使用細則等に記載されています。新築時のマンションには、分譲会社が作成した管理規約が定められていますが、事後に総会で一定の決議要件があれば改正できます。

この管理規約のひな形として、国土交通省では、マンション適正化法を踏まえ、マンション標準管理規約を作成しています。このマンション標準管理規約は時代の要請を受けるように定期的に改正されています。これを参考に管理規約を作り、または、変更する事が望まれます。

Q07 賃借人は、管理組合の理事になれるのですか？

A ANSWER 賃借人は、区分所有者ではないため、管理組合の理事になれませんが、賃貸人は、区分所有者であることから当然に管理組合の理事になれます。

但し、管理規約によっては、そのマンションに居住している管理組合員である事を条件にしている場合もあります。

マンション標準管理規約が2011年7月23日に改正され、理事会役員の資格要件の緩和が行われました。役員のなり手不足の実態を踏まえ、「現に居住する」（現住要件）を撤廃しました。

Q08 マンションの管理者とは誰の事ですか？

A ANSWER 管理者とは、マンションの管理をするために管理規約や総会の決議により、選任された者をいいます。その役割を実質的には、理事長が務める事が一般的です。

管理会社は、マンションの管理者から管理業務の委託を受けた者であり、一般的な管理業務委託契約では、管理者になるものではありません。

ほとんどの管理組合では、「管理者＝理事会の役員及び理事長」となります。区分所有者を代理し、管理規約や総会決議に基づきマンションの管理を執行する機関です。

管理者は、区分所有者以外の者でも就任でき、管理者を外部の第三者へお願いすることもできます。例えば、マンション管理士や管理会社です。高齢化マンションやリゾートマンション等の区分所有者が居住していないマンションでは、管理者（理事長）のなり手がなく、管理組合が形骸化して、機能しない場合があります。この場合は、プロに管理者（理事長）を任せる方法が取られ始めています（この場合は、透明性の観点で、一定のガイドラインが必要になります）。

23

Q09 区分所有者とは？

ANSWER 区分所有者とは、マンション等の区分所有する建物において、各戸の区分所有権を有する者をいいます。

マンションのように、複数の独立した各部分から構成されている建物を「区分所有建物」といい、この区分所有建物において、建物の独立した各部分のことを「専有部分」といいます。この「専有部分」を所有しているものを区分所有者といいます。

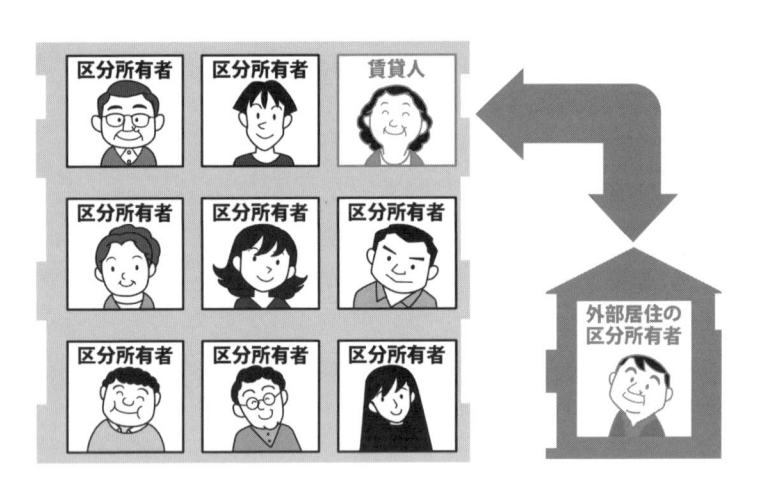

Q10 区分所有者の役割（権利義務）はありますか？

ANSWER 区分所有者は、建物の保存に有害な行為その他建物の管理又は使用に関し、区分所有者の共同の利益に反する行為をしてはなりません。

国土交通省のマンション管理適正化指針では、区分所有者に対して、管理組合の運営に関心を持ち、積極的に参加することに努めることとしています。内容は、以下の通りです。
①マンションの管理の重要性を十分認識し、管理規約、使用細則や委託契約、長期修繕計画等に関して留意すること。
②マンションは、一戸建てと居住形態が異なり、隣接住戸や上下階の住戸等への配慮を要する住まい方が必要であることを十分に認識すること。
③区分所有者は、管理組合の構成員の一員として進んで総会に参加し、参加できない場合は、議案書の内容を十分検討し、議決権行使書や委任状による意思表示を行うこと。
④管理組合の役員としての職務を遂行すること。
⑤賃借人等も、区分所有者と同じく、管理規約や総会決議に基づく義務を負うこと。

Q11 理事会は、どのような役割がありますか？

A ANSWER　理事会は、組合を代表する組織（機関）として、検討、決定等を行い、組合活動の中心となって管理を行います。

　理事会は、区分所有法には規定されていない機関です。管理規約に定められた機関で、管理組合員（区分所有者）の中から選ばれた理事等によって構成され、最高意思決定機関である総会（集会）と管理者（理事長）の中間に位置する組織です。理事会は、理事等を管理組合員の中から選任し、実際に各事業の方針や資金計画等を具体的に立案し、総会の議決を経て処理していく機関です。理事等の選考方法は、輪番がほとんどですが、立候補等様々です。
　定期不定期に理事会を開催し、事務量も多い事から、現に居住して

いる区分所有者を対象とする旨の管理規約を設けている例もあります。

また、最近では、法人化された組合等で、専門性を求める意図から、区分所有者以外の人を理事として雇うといった例も出始めました。

多くのマンションでは、理事たちはボランティア（無報酬）ですが、報酬制にする事で役員のなり手を増やす努力をしている例もあります。

Q12 総会での「普通決議」と「特別決議」の違いは何ですか？

ANSWER

議事により、総会出席組合員の議決権の過半数で決議する「普通決議」と、組合員総数及び議決権の４分の３以上で決議する「特別決議」があります（特別決議の場合、建替えや管理規約により議決数が異なる場合があります）。

管理組合の意思決定のため、理事長（管理者）は１年に１回以上の総会（集会）を開く必要があり、定期的に行われる集会を「通常総会」、臨時で行われる集会を「臨時総会」といいます。

各工事別の「普通決議」と「特別決議」

工事項目	普通決議	特別決議
計画修繕工事	外壁等補修工事、鉄部塗装工事、外壁等塗装工事、防水工事、給排水管更新工事、照明設備工事、共聴設備工事、消防設備工事、エレベーター設備更新工事	
バリアフリー化工事	手摺、スロープの設置 （建物の基本構造部の変更をしない）	エレベーターの設置工事
耐震改修工事	柱、梁に炭素繊維シートや鉄板を巻き付ける工事 （建物の基本構造部の変更をしない） 構造躯体に壁や筋交いなどの耐震部材を設置する工事 （建物の基本構造部の変更をしない）	
防犯工事	防犯カメラ・防犯灯の設置	
IT化工事	既存のパイプスペース及び外壁に相当程度の加工を要さず設置できる光ケーブル工事	
その他	窓ガラス、窓枠、玄関扉等の一斉更新工事	集会室、駐車場、駐輪場等の増改築工事で大規模なものや著しい変更を伴うもの

総会は、「委任状」や「議決権行使書」の提出を含め、議決権総数の半数以上の出席で成立します。総会では、あらかじめ通知した事項しか決議することはできません。

　総会の議事が「普通決議」案であれば、総会に出席した組合員の議決権の過半数で決することになります。総会の議事が管理規約の制定や変更・廃止、共用部分の著しい変更等の重大な議事については、「特別決議」案となり、組合員総数の４分の３以上及び議決権総数の４分の３以上で決することになります。普通決議と違うところは、管理組合の総会に出席した組合員数及び議決権数というのではなく、マンション全体の組合員数及び議決権数ということです。したがって、管理組合の総会開催時に組合員総数及び議決権総数の各々４分の３の票が集まっていなければ、特別決議案は否決されたということになります。その他に、建替え決議の場合、５分の４以上で決する等の決議もあります。

　決議事項は、区分所有法の改正により、変わってきていますので、管理規約との相違点を確認することが大切です。

Q13 共用部分と専有部分の区分を教えて下さい。

A ANSWER 共用部分と専有部分の区分は以下の通りです。

（１）共用部分

　共用部分とは、専有部分以外の建物部分をいい、具体的には、階段や廊下、バルコニー等の区分所有者が共同して使用する部分の事です。また、専用使用権を有している共用部分があります。それが、バルコニーやルーフバルコニーといった箇所になります。通常の使用においては、各住戸での管理が原則ですが、共用部分であるため、計画修繕

では管理組合の施行となります。なお、共用部分は、下記の2つの部分に分類されます。

① 法定共用部分
- 躯体部分や階段、廊下、エレベーター等の専有部分以外で構造上共用に供される部分。
- 専有部分に属さない建物の電気配線や給水竪管等の付属物。

② 規約共用部分
- マンションの管理規約により、当然には共用部分とされない部分を共用部分とした部分をいいます。(例:集会室、パーティールーム等)

(2) 専有部分

専有部分とは、区分所有の目的たる建物の部分で、住戸番号を付した住戸部分です。そして、天井、床及び壁は、コンクリート等の躯体部分を除く部分が専有部分です。

玄関扉は、錠及び内部塗装部分が専有部分とされており、錠は、機械部分である錠前と錠(キー)に分けられます。錠前は、共用部分であり、錠(キー)及びこれとセットで機能するシリンダー部分については専有部分です。

窓枠及び窓ガラスは、専有部分に含まれず、共用部分です。

また、専有部分の住戸に属す設備のうち共用部分内にある部分以外のものは、専有部分とするのが一般的ですが、例外もあるので注意が必要です。

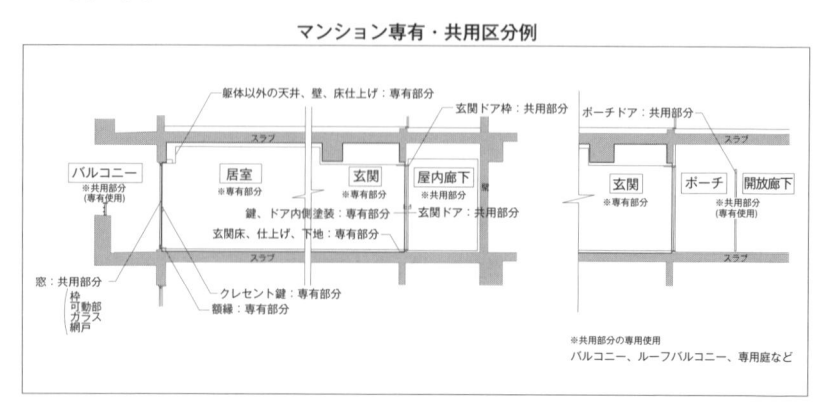

マンション専有・共用区分例

Q14 管理費と修繕積立金は何が違うのですか？

A ANSWER
管理費＝日常的な管理費用等
修繕積立金＝計画的に行われる修繕の費用等

　日常的な管理に充てる費用が「管理費」です。共用部分のガラスの破損や給水ポンプが故障した際の修繕は、保存行為であるため、管理費（一般会計）の中から支払われるのが一般的です。
　次に修繕積立金ですが、マンションは、一定期間毎に計画的な維持修繕工事を実施しないと劣化が進み、優良な居住環境や資産価値を維持することができません。修繕に必要な多額の資金を一括して区分所有者から徴収することは、区分所有者に一時的な負担を強いることとなります。そこで、「修繕積立金」という名称で将来必要となる費用について毎月一定額を集め、これを管理組合が積み立てるという仕組みです。
　つまり、突発的な破損や故障等の費用を賄うのは、管理費（一般会計）ですが、計画的な修繕の費用を賄うのは、修繕積立金（特別会計）という事になります。

費用区分表

	内容	具体例
管理費	保守点検	エレベーター・受水槽等
	清掃業務	廊下やホールの清掃
修繕積立金	一般修繕	照明器具交換等
	計画修繕	大規模修繕工事等
	特別修繕	自然災害等による復旧

Q15 管理費は、どのような事に使用されるのですか？

A ANSWER 管理費の使用は以下のような使用用途があります。

① 管理員人件費
② 公租公課
③ 共用設備の保守維持費及び運転費
④ 備品費、通信費その他の事務費
⑤ 共用部分等に係る火災保険料その他の損害保険料
⑥ 経常的な補修費
⑦ 清掃費、消毒費及びごみ処理費
⑧ 委託業務費
⑨ 専門的知識を有する者の活用に要する費用
⑩ 地域コミュニティにも配慮した居住者間のコミュニティ形成に要する費用
⑪ 管理組合の運営に要する費用
⑫ その他敷地及び共用部分等の通常の管理に要する費用

Q16 修繕積立金は、どのような修繕に使用されるのですか？

A ANSWER 修繕積立金の使用は以下のような使用用途があります。

① 一定年数の経過ごとに計画的に行う修繕
② 不測の事故その他特別の事由により必要となる修繕

③ 敷地及び共有部分等の変更
④ 建物の建替えに係る合意形成に必要となる事項の調査
⑤ その他敷地及び共用部分等の管理に関し、区分所有者全体の利益のために特別に必要となる管理

　修繕積立金とは、共用部分の維持保全のために実施する計画修繕等を実施する費用として徴収する積立金のことです。原則として、積立期間を通して管理規約に定められた各戸の専有面積の割合により定められた金額を徴収し、管理組合が積み立てています。また、マンションを購入した際に修繕一時金（基金）等の名称で別途徴収する場合もあります。修繕積立金の値上げ等の変更が必要な場合には、長期修繕計画等の根拠を示した上で、計画的に行うことが重要です。

Q17 適切な修繕積立金はいくらぐらいになりますか？

ANSWER　国土交通省の「マンションの修繕積立金に関するガイドライン」によると15階未満の建物では、178～218円／㎡・月。20階以上の建物では、206円／㎡・月程度となっています。

　マンション購入時には、分譲事業者から長期修繕計画とそれを基に設定された修繕積立金の額が提示されます。分譲事業者から提示された修繕積立金の額の水準について、購入予定者が判断する際の参考になるように国土交通省では、「マンションの修繕積立金に関するガイドライン」を2011年に公開しました。以下に同ガイドラインによる修繕積立金の額の目安を示します。

修繕積立金の額の目安
　（算出式）　$Y = AX (+B)$
　Y：購入予定のマンションの修繕積立金の額の目安

専有面積当たりの修繕積立金の額（A）
機械式駐車場がある場合の加算額（B）
B＝機械式駐車場の1台あたりの修繕工事費（下表）× 台数
　　× 購入を予定する住戸の負担割合
（住戸の負担割合は、専有部分の床面積の割合としている場合が多い）

積立金例

階数／建築延床面積		平均値	事例の3分の2が包含される幅
【15階未満】	5,000㎡未満	218円/㎡・月	165円～250円/㎡・月
	5,000～10,000㎡	202円/㎡・月	140円～265円/㎡・月
	10,000㎡以上	178円/㎡・月	135円～220円/㎡・月
【20階以上】		206円/㎡・月	170円～245円/㎡・月

（国土交通省　「マンションの修繕積立金に関するガイドライン」より）

機械式駐車場費用
機械式駐車場の1台あたりの修繕工事費

機械式駐車場の種類	機械式駐車場の修繕工事費 （1台当たりの月額）
2段（ピット1段）昇降式	7,085円/台・月
3段（ピット2段）昇降式	6,040円/台・月
3段（ピット1段）昇降横行式	8,540円/台・月
4段（ピット2段）昇降横行式	14,165円/台・月

（国土交通省　「マンションの修繕積立金に関するガイドライン」より）

　以上の「長期修繕の額の目安」は、個々のマンションの要因を考慮したものではありませんので、あくまでも目安であり、参考としてください。実際は、各マンションで長期修繕計画を作成し、それに基づいて修繕積立金を設定する必要があります。

Q18 修繕履歴（マンションカルテ）とは？

ANSWER 建物の修繕や点検の履歴表の事です。人でいうカルテ（病歴記録）を意味し、過去にどういった問題があり、どのような修繕が行われたか等を把握するために重要な資料です。

国土交通省マンション標準管理規約第32条6号には、管理組合の行う業務の一つとして、「修繕の履歴情報の整理及び管理等」と書かれています。

修繕の履歴情報とは、

① 大規模修繕や設備改修を含む計画修繕の修繕の時期、箇所、費用及び工事施工者等
② 設備の保守点検
③ 建築基準法第12条第1項及び第2項の特殊建築物等の定期調査報告及び建築設備（昇降機を含む）の定期検査報告
④ 消防法8条の2の2の防災対象物定期点検報告の法定点検等、維持管理の情報であり、修繕履歴情報を整理して、後に参照できるよう管理しておくことが今後の修繕等を適切に実施するために有効です。

Q19 修繕履歴（マンションカルテ）の管理方法で気をつけることはありますか？

ANSWER 修繕履歴情報の管理方法ついては、標準管理規約等に特別に定められたものはありませんが、有効に活用されるためには、理事の任期交代等の際に、保管場所を含め、引継ぎを行う事が必要です。

参考までに（財）マンション管理センターが、個々のマンション管理組合の運営状況等（建物の概要、管理組合の活動状況、過去の修繕履歴、図書の保存状況等）を同センターのコンピュータに登録し、インターネットを通じて登録情報を随時閲覧できるようにする「マンションみらいネット」のシステムを構築し、運用しています。

修繕履歴の作成は、管理組合が行う業務の一つですが、組合員自らが作成するのは難しく、プロの管理会社が行うべき業務と考えるべきです。管理会社は、当然に修繕履歴情報を毎年更新して管理組合に提出することが求められます。

Q20 長期修繕計画とは？

ANSWER マンションの快適な居住環境を確保し、資産価値を維持するために、適時適切な修繕工事を行うことが必要であり、それをシミュレーションしたものが長期修繕計画です。

マンションは、専有部分と共用部分で構成されており、共用部分については、管理組合が管理を行うことになります。

マンションの建物や設備は、経年により劣化していきますので、それに対処するためには適時適切に修繕工事を行う必要があります。また、良好な生活環境や資産価値を維持するためには、修繕だけではな

く、必要に応じて建物及び設備の性能向上を図る改修工事を行うことも望まれます。

　しかし、計画修繕等の実施には、一時に多額の費用が必要となり、実施時に一括で徴収することは、区分所有者に大きな負担を強いる事になります。場合によっては、費用不足のため必要な修繕工事等が行えず、建物等の劣化を進行させることとなり、スラム化の道を進むおそれもあります。

　長期修繕計画は、そのようなことがないように、必要な改修工事等の費用を算出し、月々の適正な修繕積立金を設定するために作成するものです。

　次に掲げる事項を目的とした長期修繕計画を作成し、これに基づいて修繕積立金の額を設定することが不可欠です。

①将来見込まれる修繕工事及び改修工事の内容、おおよその時期、概算の費用等を明確にする。
②計画修繕の実施のために積み立てる修繕積立金の額の根拠を明確にする。
③修繕工事及び改修工事に関する長期計画について、あらかじめ合意しておくことで、計画修繕の円滑な実施を図る。

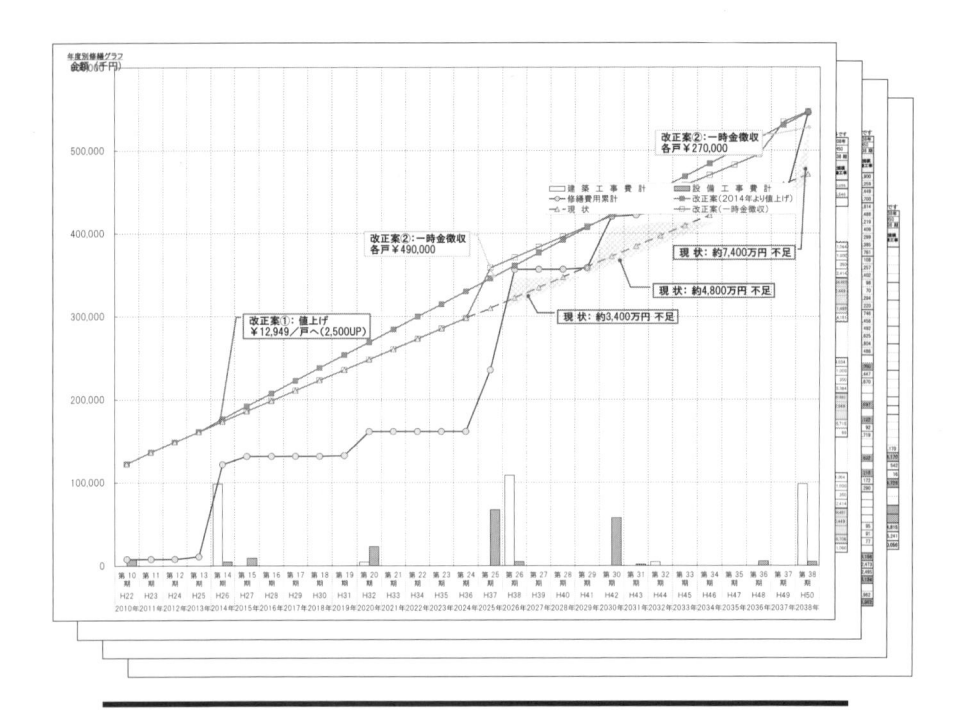

Q21 長期修繕計画の見本となるものはありますか？

A 2008年に国土交通省が公表した「長期修繕計画標準様式」「長期修繕計画作成ガイドライン及び同コメント」があります。

　これは、マンションにおける長期修繕計画の作成又は見直し及び修繕積立金額の設定に関して、基本的な考え方と長期修繕計画標準様式を使用して、作成方法を示すことにより、適切な内容の長期修繕計画の作成及びこれに基づいた修繕積立金額の設定を促し、マンションの計画修繕の適時適切かつ円滑な実施を図ることを目的としています。

Q22 長期修繕計画を作成するにあたり、注意する点はありますか？

ANSWER 建物の状態、社会情勢等から一定期間ごとに見直していくことが重要です。

　長期修繕計画は、作成時点において、計画期間（長期修繕計画作成ガイドラインでは、新築時30年、見直し時25年以上が推奨されています）に発生する事が予想される修繕工事の内容、時期、概算の費用等に関して計画を定めるものです。

　長期修繕計画の作成は、予想される修繕工事の内容の設定、概算の費用の算出等は、設計図書、数量計算書を参考にして、保管されている設計図書のほか、修繕等の履歴、劣化状況等の調査・診断の結果に基づいて、作成時点の建設物価や消費税をもとにして行います。

　したがって、長期修繕計画は、将来実施する計画修繕の内容、時期、費用等を確定するものではなく、将来の物価や消費税の変動等を考慮しないのが一般的であり、あくまで目安と考えなければなりません。見直し期間を5～6年程度毎に見直していくことを前提としています。

　予想される修繕工事の内容は、新築マンションの場合は現状の仕様により、既存マンションの場合は現状又は見直し時点での一般的な仕様により設定しますが、将来の計画修繕の実施時には技術の進歩等により異なる仕様となる事も考えられます。

Q23 長期修繕計画の対象範囲はどこまでですか？

ANSWER 単棟型のマンションの場合、管理規約に定めた組合管理部分である敷地、建物の共用部分及び附属施設（共用部分の修繕工事又は改修工事に伴って修繕工事が必要となる専有部分を含む）を対象としています。

団地型のマンションの場合は、多様な所有・管理形態（管理組合、管理規約、会計等）がありますが、一般的に、団地全体の土地、附属施設及び団地共用部分並びに各棟の共用部分を対象とします。

Q24 長期修繕計画の大規模修繕の予定年度において、修繕積立金累計額が推定修繕工事費の累計額を下回る場合はどのような対応策がありますか？

ANSWER
①月額の修繕積立金を増額する。
②予定年度に修繕積立一時金を徴収する。
③予定年度に金融機関等から借入れを行う。
④計画修繕の内容や時期を見直し、支出の圧縮を図る。

このようなことが無いように、専門家と共に必要な劣化診断・調査を実施し、予算及び修繕内容を検討した結果から、事前に長期修繕計画の見直しを行う必要があります。見直した長期修繕計画に沿った修繕積立金額を設定することが最善の方法です。質問内容のようにならないように事前の準備が必要です。

一概には言えませんが、一時金の徴収をする例は少なく、その他の方法が取られている場合が多いようですが、必要な修繕を先延ばしにする事で、将来高い修繕費が掛かるような事態は避けたいものです。

Q25 修繕積立金の改正（値上げ等）が必要な場合の方法はありますか？

A ANSWER 長期修繕計画等で、修繕積立金の値上げや一時徴収金が必要な場合は、修繕積立金の額の改正について、総会で議決します。

　修繕積立金の改正は、専門家に依頼して長期修繕計画の見直しを行い、修繕積立金の改正（値上げ等）が必要と判断した場合に行います。長期修繕計画に沿って全体の必要金額を算出し、各住戸の負担割合の金額を算出します。専門委員会や理事会で検討を行った後、修繕積立金の額の改正について総会で議決します。

　管理費、修繕積立金等の変更は、区分所有法、マンション標準管理規約（単棟型規約第47条）では「普通決議」となっています。

　ただし、管理規約に修繕積立金の金額が記入されて、その金額を変更する場合は、規約の変更になりますので「特別決議」（議決権の４分

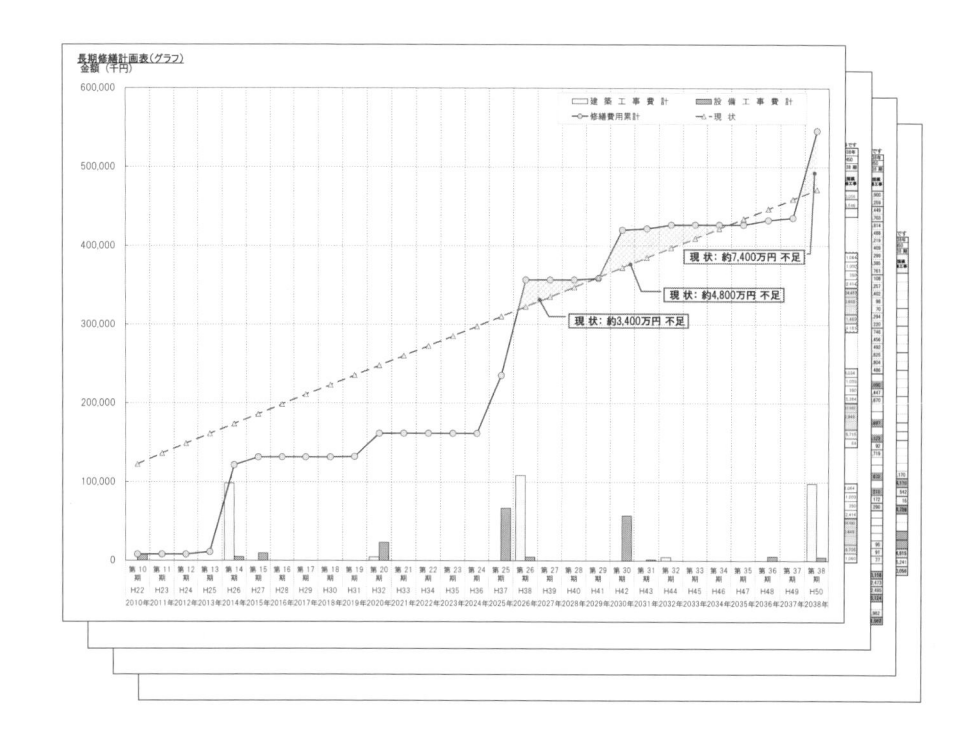

の3以上)が必要となります。
　修繕積立金等は、マンションの劣化状況により見直しが必要になってきますので、迅速な対応ができるよう普通決議で変更可能にしておくことが大切です。

3 大規模修繕の進め方について

Q26 大規模修繕とは？

ANSWER 建物のライフサイクルからくる計画修繕の中で、足場等を架設して行う外壁や防水等、複数の工種を一括して行う工事を指し、概ね12年毎に実施されるのが望ましいとされています。

この中には、修繕サイクルが重なる事から、設備系の修繕工事が含まれる場合もありますが単に大規模修繕という時には、建築系の工事を指すのが一般的です。

Q27 大規模修繕は、どのような目的があるのですか？

ANSWER
①外壁の補修、床面の防水を行う事での「機能・性能の維持」
②外壁や鉄部の汚れを落とし、塗装を施す事での「美観の維持」
③改良改善等を行う事での「資産価値の向上」

大規模修繕の目的は、経年により、外壁の仕上材やコンクリート、モルタル、塗装被膜、防水面等が劣化して、ひび割れ、剥落、欠損等を生じた状態から、各部を修繕や改修により、新築時の性能を回復させる事です。結果として、美観も回復します。

これに加えて、建築年数を経たマンションにおいては、時代に不適応な部分や危険な箇所や不便な箇所があれば、これを改修させることで利便性や生活機能を向上させ、ひいては、資産価値を向上させることが可能です。

Q28 計画修繕と大規模修繕の関係はありますか？

ANSWER 計画修繕とは、建物、設備等の適時適切に行う修繕の事をいいます。また、大規模修繕は、計画修繕に含まれ主に12年周期程度で実施され、足場を設置する等して、複数の工事を一括して行う修繕をいいます。

建物、設備等の各部分は、経年や使用することによって劣化や不具合が生じます。そうした劣化の補修を行うことや、不具合が生じないように計画的に修繕を行っていくことを計画修繕といいます。また、劣化が一定以上進行してしまうと修繕に多額の費用が必要になり、以前の状態に戻すことも困難になりかねません。そういった事にならないためにも、適切な時期に修繕を行う事が必要になってきます。

Q29 大規模修繕を実施するために必要な資料はありますか？

ANSWER 建精度の高い修繕計画を進めていく上で、物の情報を得るために竣工図書、修繕履歴、長期修繕計画、管理規約等が必要です。

マンション管理適正化法が施行され、平成13年8月1日以降の新築マンションに分譲会社が竣工時点の設計図書を管理組合に引き渡すことを義務付けました。平成13年7月以前のマンションによっては、竣工図書がないマンションも存在します。

最低限必要な書類としては、竣工図書（仕様書、平面図、断面図、立面図、構造図）、修繕履歴、長期修繕計画書、管理規約等があります。竣工図書がない場合は、大規模修繕に必要な図面を作成することになります。

また、増築や著しい構造形状の変更等を行う際は、建築時の確認通知書、検査済書が必要です。また、管理規約等に照らして、共用部分・範囲を確認することも必要です。

Q30 大規模修繕を実施する周期や年度はありますか？

A ANSWER 長期修繕計画では、大規模修繕を含む計画修繕の周期を想定しています。大規模修繕の周期は、一般的な長期修繕計画では、12年周期とされています。しかし、この周期は想定であり、実際に劣化診断・調査の過程を経て、実施時期を定めることが必要です。

建築基準法の観点から周期を考えてみます。

建築基準法では、建築物の所有者、管理者又は占有者は、その建築物の敷地、構造及び建築設備を常時適法な状態に維持するように努めなければならないとされています。

平20年4月の建築基準法改正で特殊建築物定期調査などが厳格化されました。

自治体によっても異なりますが、マンションの場合、一定規模を超えるものは調査報告対象の特殊建築物に指定されています。

大規模修繕の周期に大きく影響するのは、外壁の仕上材によっては全面打診調査が必要となるという項目です。外壁の全面打診を行うには、当然『足場』が必要です。

具体的には、外壁の仕上材がタイル貼り、石貼り(乾式工法以外)、モルタル仕上のいずれかであり、13年を超えて、外壁改修や全面打診

調査を行っていないのであれば、外壁改修工事を行うか、全面打診調査が必要になりました。ほとんどのマンションが含まれると思います。すなわち、13年以内に大規模修繕工事が必要ということです。

　例えば、築25年のタイル貼りマンションで、前回の大規模修繕工事を10年前に行っている場合、今後3年以内に全面打診調査または大規模修繕工事を行う必要があります。

　また、築30年のタイル貼りマンションで、前回の外壁改修工事を15年前に行っている場合、すでに15年経っていますので、特殊建築物定期調査報告では要是正項目に上がります。早急に全面打診調査または大規模修繕工事を行う必要があります。

Q31 大規模修繕を実施すべきかの判断をどのように決定すべきでしょうか？

A ANSWER　大規模修繕工事実施の最終的な決定は総会です。

　劣化診断・調査に基づいて、大規模修繕の実施時期の判断を専門家等の助言を受け、理事会や専門委員会等のプロジェクト推進組織が実施案（実施時期、工事項目、工事費、施工会社の選定）を作成し、この決定に基づいて、管理組合の総会決議を経て決定します。

Q32 大規模修繕の実施方式に種類はあるのでしょうか?

A 主に①設計監理方式、②責任施工方式、③価格開示方式の契約方法があります。

①設計監理方式

　設計監理方式とは、設計と施工を分離する方式です。管理会社や建築設計事務所がコンサルタントとして、設計と工事監理を管理組合から受託します。このコンサルタントが修繕設計や数量積算を行い、仕様書を作成します。そして、数社の施工会社から見積り徴収をして、その結果から施工会社を決める方式です。

　メリットは、劣化診断・調査、設計と施工を分離することで、第三者性（透明性・公平性）を確保ができる点です。施工会社の選定作業における透明性が確保でき、区分所有者に対する説明責任を果しやすい方式です。また、第三者の眼による工事監理業務により、一定の品質を確保することもできます。

　発注者である管理組合の利益に立脚した第三者が診断し立案し、数量、金額を算出する事から、信頼性、透明性に優れているのが「設計監理方式」であると考えられます。

　デメリットは、一部の小規模マンションにおいて、コストアップ要因になる可能性がある点です。また、成果がコンサルタントの資質に左右される事です。

②責任施工方式

　責任施工方式とは、特定の施工業者に設計から施工までを一括して一業者に任せる方式です。施工会社が設計をし、施工を行い、工事監理をします。設計や工事監理が機能しない施工業者が行う大規模修繕工事は「責任施工方式」とはいえません。一般的に責任施工方式といわれるものは本当の責任施工方式では無く、単に施工した

というものです。

　メリットは、大規模修繕に関する業務（調査・設計・施工・工事監理）をすべて請け負うため、管理組合にとっては１つの窓口で行え、責任の所在が明確であり、小規模なマンションの場合は、コンサルタント費用が発生しないため、「設計監理方式」に比べ低コストで抑えられる場合もあります。

　デメリットは、発注者である組合の中に専門的な知識を持つ者がいないため、施工会社が作成した修繕設計や仕様書が本当に妥当なものかを判断しかねる点です。また、最初から特定の一社に決めているために競争の原理が働かず、工事費が適正かどうか判断しづらい面があります。

　つまり、工事を行う（事で利益を上げるのが目的の）会社が自ら劣化診断・調査して、工事仕様を決めて、工事数量と費用を算出する形態が、発注者である管理組合の利益と相反するという基本的な構造の問題です。

③価格開示方式

　価格開示方式（P.170）を参照ください。

Q33 大規模修繕は、総会での決議が必要ですか？

A ANSWER 　大規模修繕の実施は、修繕積立金を取り崩す事であり、管理組合の総会における決議が必要になります。

　一般的な大規模修繕に伴う決議は、過半数による普通決議ですが、共用部分の著しい形状の変更が伴う場合等、４分の３以上の特別決議になる等、工事項目毎に決議内容の確認が必要です。

　通常の大規模修繕での決議事項は、工事項目、工事予算、施工会社

の3点セットが一般的です。但し、設計・施工分離方式（設計監理方式）の場合には、工事項目と工事金額の2点について決議を図り、施工会社については、理事会等に一任してもらうといった選択もあり得ます。

Q34 大規模修繕の一般的な費用はどれくらいでしょうか？

ANSWER 建物の規模、形状、仕様に加え、どのような項目をどのような材料で選択するかによって、工事費用は大きく異なります。

具体的な工事費用を算出するには、劣化診断・調査、設計、積算作業を行う必要性があります。費用については、実施する工事項目、建物の形状・規模、建築的個性等により様々ですが、都市圏の一般的なファミリータイプで一戸当たり60万円から150万円程度の範囲に8割方の事例が当てはまるようです。

Q35 大規模修繕をどのように計画し、進めればいいのですか？

ANSWER 長期修繕計画に基づき、大規模修繕の実施予定時期の2年ほど前に、専門委員会を設け、実施方式の検討、コンサルタントの選定等を行い、劣化診断・調査により、大規模修繕の実施の必要性や時期を判断し、設計、施工会社選定、工事と進んでいきます。

長期修繕計画での大規模修繕実施時期が目安になりますが、マンションの販売時期や管理組合との契約の内容により、長期修繕計画のな

いマンションがあります。この場合は、管理会社の建物点検等により、一応の大規模修繕の実施時期の目安を立て、2年ほど前から準備を始めます。

　大規模修繕の実施方法へ向けた検討が必要です。実施方法の検討は、管理組合と管理会社とのマンション管理委託契約内の事務管理業務（基幹事務「管理組合の会計の収入及び支出の調定、出納、当該マンションの維持又は修繕に関する企画又は実施の調整」）として、管理会社のアドバイスを受けて管理組合が決定することが必要です。

　設計監理方式や価格開示方式の場合は、コンサルタントの選定や調査会社の選定等、何をどこに依頼し、進めていくのかを整理することが必要です。

（1）スケジューリングの基本
　大規模修繕等を行う改修工事の基本的な進め方は、発意⇒検討体制の確立⇒専門家等の選定⇒劣化診断・調査⇒基本計画⇒実施設計⇒工事費見積⇒（資金計画）⇒合意形成・総会における決議⇒工事実施、という手順となります。

（2）行うべき作業項目と範囲
（a）作業項目
①発意（検討体制の確立）
　　大規模修繕は、専門的な技術知識を必要とし、その準備から工事完成までに2～3年以上を要するのが一般的です。これを通常1～2年ごとに理事が交代する理事会のみで全て対応することは、知識面や時間面で限界があります。そのため、専門委員会（修繕委員会、長期修繕計画委員会等の名称がよく用いられます）を設置して継続的に検討を行う場合もあります。管理組合内の専門委員会のメンバーには、歴代の理事経験者、区分所有者のうちの建築や設備等の専門家等が含まれることが一般的ですが、専門家は、必ずしも必要とせず、専門的判断は、外部のコンサルタント等専門家に頼り、委員又は理事は、そのマネジメントに徹する事でもプロジェクトは、成功

させられます。

②専門家等の選定

　大規模修繕は、理事会及び専門委員会だけでは、進めていくのが難しく、マンションの改修業務に精通した専門的な知識を有する建築設計事務所、建設会社、管理会社等を選定する必要があります。

③建物調査・診断

　建物各部の現状の劣化・損傷の程度、不具合や問題点、居住者の要望等を正確に把握することが大切です。また、調査・診断を行う際には、不具合や問題点が、経年による劣化によるものか、建設時、前回工事の設計や施工の不備によるものか等を判定し、それによって対策を考えなくてはなりません。

④基本計画

　建物調査・診断結果を踏まえ、大規模修繕の目的と必要性を明確にし、実際に行う工事項目の優先順位を決めることが大切です。また、長期修繕計画と照らし合わせ、工事時期や費用の計画を見直すことも重要になってきます。

⑤合意形成

　大規模修繕では、理事会内はもちろんですが、管理組合員の合意形成を図ることが最大のポイントです。合意形成を行っていくためには、説明会を開催する等の広報活動を積極的に実施し、調査報告結果や基本設計の周知をするとともに、区分所有者からの意見を聞くことによって、より良い大規模修繕へと繋げていくことが大切です。

⑥実施設計

　基本計画に基づき、実施設計では、実際に使用する材料・工法を定め、工事を行うための設計図書（工事仕様書、設計図、数量表等）を作成します。

⑦施工会社の選定

　責任施工方式はもちろん、設計監理方式や価格開示方式を採用した場合に、施工会社を選定する必要があります。見積を依頼する施工会社の集募、見積合わせ、面談等を行い、透明性や公平性を確保

し、進めていくことが大切です。

⑧総会（工事項目、予算、施工会社の承認）

　大規模修繕の実施の最終決定は、区分所有法や管理規約に基づき、管理組合の総会において決議します。通常の大規模修繕での決議事項は、工事項目、工事予算、施工会社の３点セットが一般的です。また、一般的な計画修繕に伴う決議は、過半数による普通決議ですが、共用部分の著しい形状の変更の場合等、４分の３以上の特別決議になる等、工事項目毎に決議内容の確認が必要です。

⑨工事の実施

　総会での決議が成立すると管理組合と施工会社間での工事請負契約の締結が行われます。また、工事計画をもとに施工会社が施工実施計画を検討し、マンションの事情を踏まえた上で管理組合が工事計画の最終決定を行います。そして、大規模修繕では、居住者が生活しながらの工事になるため、居住者の理解を深めるためにも、工事内容、施工体制、工事工程、作業時間、共通仮設の設置、仮設足場の設置、注意事項等の工事説明会を行います。工事説明会の説明資料は、事前に居住者に配布し、出席できない人に対しても、情報が伝わるようにする必要があります。

⑩アフターサービス点検

　瑕疵担保責任は、工事請負契約に付随して、施工会社に過失があるなしにかかわらず責任が覆いかぶさるもので、１～２年の期間が一般的です。瑕疵担保責任の施工会社の履行については、起こった不具合が瑕疵であるかないかの判断が難しく、補修までの期間が長くなりがちであるため、工事請負契約の特約として、アフターサービスの設定を行うことが一般的になりました。アフターサービスは、工事項目毎に期間を設定し、不具合事象が起これば、無償で施工会社が補修するというものです。瑕疵担保責任とアフターサービスを混同されますが、一般的に「工事保証」と言われているのはアフターサービスのことです。

　アフターサービス期間が終わる前に、調査、確認、是正を行うことを、予め仕様書にうたい、工事請負契約書に盛込む事が望まれま

す。これにより、将来のアフターサービスを、確実に実行できるようにします。また、近年は、施工会社の倒産等に備え、大規模修繕工事瑕疵保険が用意されるようになりました。この保険へ加入するためには、保険料が生じ、これは、工事費に上乗せする事になります。発注する施工会社によっては、リスクについて充分な検討を行う事が必要です。

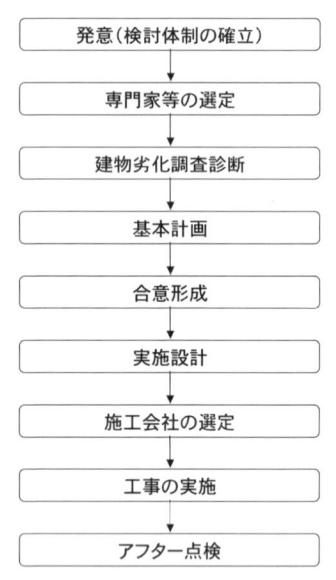

```
発意（検討体制の確立）
      ↓
   専門家等の選定
      ↓
   建物劣化調査診断
      ↓
     基本計画
      ↓
     合意形成
      ↓
     実施設計
      ↓
   施工会社の選定
      ↓
     工事の実施
      ↓
    アフター点検
```

（b）工事範囲

大規模修繕の主な工事範囲は、共用部全体にわたります。主な修繕工事項目を以下に示します。

① 外壁補修（モルタル面や塗装面、タイル面等の外壁仕上げ材や躯体コンクリートの劣化に対する補修）
② 外壁等塗装（外壁、手摺壁、天井等の塗装）
③ 鉄部等塗装（手摺、扉、換気口等の鉄部の塗装）
④ シーリング（打継ぎ目地、建具周り等のシーリングの打替え）
⑤ 防水工事（屋上、バルコニー、共用廊下、共用階段等の防水）
⑥ クリーニング（通常の清掃し難い妻側の窓、格子、換気ガラリ等の清掃）
⑦ 外構（駐車場の白線、駐輪ラック、フェンス等の外構）

Q36 理事会として、どのように進めていけばいいですか？

ANSWER 専門委員会の発足、専門家への委託をし、理事会が適正な判断ができるように進める事が大切です。

大規模修繕を進めていく上で劣化診断・調査や設計等、打合せ事項や判断事項が多く、理事会の負担は非常に大きいものです。また、理事は、1年毎の輪番制が多く、2〜3年を要する大規模修繕のプロジェクトを一気通貫で行うには無理が生じます。これらを考慮すれば、区分所有者の中で専門的な知識を持っている人等で専門委員会を設けることが一般的になってきました。専門委員会は、理事会の諮問機関として、検討した結果を理事会に答申し、決定は、理事会が行うことになります。

Q37 専門委員会には、どのような役割がありますか？

ANSWER 大規模修繕の実施に向けての理事会の補助・諮問機関としての役割です。

大規模修繕を実現するためには、数多くの打合せやコンサルタントや施工会社との調整等、相当な労力が必要になります。

専門委員会は、理事会に代わり、工事内容の確認、仕様の選定等を行います。そして、専門委員会で決定された事項を理事会へ答申し、承認するといったプロセスが一般的です。ここで重要なのは理事会と専門委員会との意志の疎通を円滑に進める事です。双方がコミュニケーションを取り、理事会と専門委員会が一体で大規模修繕のプロジェク

トを進めていくことが望まれます。

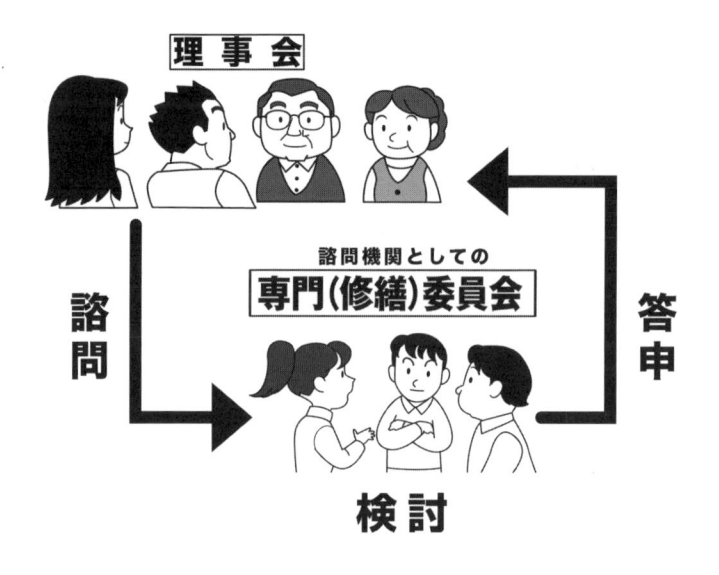

理事会
諮問機関としての専門（修繕）委員会
諮問 → 答申
検討

Q38 計画修繕にはどのような専門家がいるのですか？

A ANSWER マンション管理士、建築士、建築設計事務所、管理会社等が考えられます。

　管理組合が計画修繕において、支援を受けることが有用な専門家としては、管理会社、マンション管理士のほか、建築士や建築士が所属する建築設計事務所、コンストラクション・マネジャー資格者等が考えられます。さらに、細目化した専門分野としては、マンションの権利・利用関係や行政一般に関する専門家である、弁護士、司法書士、行政書士、公認会計士、税理士等の国家資格取得者や、区分所有管理士、マンションリフォームマネジャー等の民間資格取得者等も考えられます。

Q39 専門家に依頼すべきですか？

A ANSWER 適切な工事や費用を判断するためにも専門家への依頼をお勧めします。

　必要な工事項目の選定、適正な価格の判断等、専門的な知識が必要な場面も多く、多額の費用が発生する工事であるため、的確な判断が必要であり、マンション管理士、一級建築士、施工会社等の専門家を採用することをお勧めします。

　但し、工事を行う者が、この立場に立ちますと、必ずしも管理組合にとって利益のある判断とはならないことも考えられますので、工事を伴わないコンサルタント等の第三者が適任と考えられます。

　工事を伴う場合は、原価や利益等を開示するオープンブック方式を行える施工会社や管理会社をお勧めします。

Q40 専門家はどのように募集、選定、決定を行うのですか？

A ANSWER 専門家の募集は、ネット媒体や業界新聞を用いて行うことが一般的です。

具体的には、募集サイトや新聞があります。そこにマンションの情報を記載し、募集を行います。

そして、応募があった会社や営業をしている会社等の中から、見積金額や資料の内容、実績や担当者の資質等を確認し、ヒアリングを実施して決定していきます。

例

マンション管理情報サイト

- e-マンション管理

新聞社

- 建通新聞社
- マンション管理新聞社

大規模修繕に関する相談・業務等

- 建築士事務所、調査会社、マンション管理会社、マンション管理士事務所、マンション管理組合団体、施工会社、マンション管理センターなど

Q41 専門家への業務委託費の支出は、どのような手続きで行うのですか？

A ANSWER 劣化診断・調査、設計、工事監理といった業務委託契約についても、大規模修繕を前提に実施する場合は、修繕積立金会計からの支出とされるケースが多く、その場合、総会で承認を得る必要があります。

総会の前に区分所有者への説明会を開き、委託内容の説明をして質疑応答を経ておく事で総会ではスムーズに進みます。

劣化診断・調査の結果により設計の内容も変化することがあり、劣化診断・調査業務と設計監理業務は、契約を分けた方が正確で明確な契約とすることができます。

設計業務や工事監理業務は、建築士法の適用を受ける事から、契約前に同法に基づく、重要事前説明を建築士から受けることが必要です。

4 大規模修繕の劣化診断・調査について

Q42 劣化診断・調査は、どのように進めればいいのですか？

ANSWER 　劣化診断・調査は、一般的に調査項目の選定という調査計画からスタートし、実施した調査をもとに劣化診断を行った上で改修計画に進んでいきます。

先ず、何を調査するかの選定から始まります。外壁等の仕上げ材、シール材については、目視、物性試験等の検討を行います。

給排水管については、配管の内面を調査する内視鏡や配管の抜取り調査等を行うかの検討が必要になります。

各箇所でどういった材料が使用されているかで調査の方法が異なります。調査項目の選定には、調査のための事前調査や日常管理の情報も重要となり、専門的な知識を要する事から、専門家に依頼する方法がとられています。

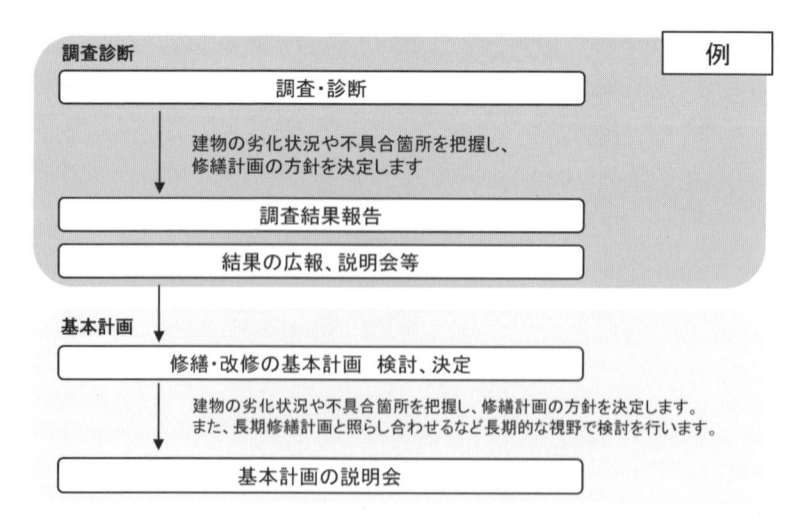

例

調査診断
- 調査・診断
  - 建物の劣化状況や不具合箇所を把握し、修繕計画の方針を決定します
- 調査結果報告
- 結果の広報、説明会等

基本計画
- 修繕・改修の基本計画　検討、決定
  - 建物の劣化状況や不具合箇所を把握し、修繕計画の方針を決定します。
  - また、長期修繕計画と照らし合わせるなど長期的な視野で検討を行います。
- 基本計画の説明会

Q43 劣化診断・調査の費用と予算措置はどのように行うのですか？

ANSWER 理事会及び専門委員会により、劣化診断・調査会社等の選定を行い、委託会社、業務内容、費用を総会にて上程する事が一般的です。

劣化診断・調査費用の算出については、劣化診断・調査会社や管理会社より見積りを取り、調査・診断会社及び費用を決定していきます。この決定については、総会での承認により、予め予算化する必要があります。原則としては、修繕積立金会計の中からの支出としますが、管理費会計に余剰がある場合は管理費会計から支出することも考えられます。

Q44 劣化診断・調査はどのような事を行うのですか？

ANSWER 劣化診断・調査は、全体の傾向を把握する調査から詳細な不具合内容を追求するための具体的な診断へ、マクロからミクロへと進めていきます。また、要望や専有部分等の潜在的な意見を反映させるためにアンケート調査を併用する場合もあります。

劣化診断・調査は、経年劣化や不具合、潜在的要望を調べ、区分所有者が満足のいく修繕を行うための基礎資料となります。

主な調査・診断内容としては、
①予備調査（図面、保管書類、修繕履歴の確認）
②アンケート調査
③目視診断調査
④物理診断調査
⑤各詳細調査（アンケートや目視診断の結果から、詳細な劣化診断や

確認が必要になる場合があります)

　不具合箇所を全て発見し、確認する劣化診断は、足場等を架設しないとできず、これには多大な費用を要します。したがって、大規模修繕へ向けて仕様書を作成するための調査は、サンプリングにより、劣化の傾向と特徴を把握する目的で行われます。

①予備調査
　建物の維持管理を行う上で竣工図面や修繕履歴といった資料は、建物のカルテとなり、欠かせないものです。竣工図書は、建物の特徴を把握することは勿論、仕上げ、使用材料を把握し、適切な修繕の材料を選定する上でも大切です。また、工事履歴等の履歴情報も建物の弱点や不具合の傾向、再施工を検討する手がかりとなります。

②アンケート調査
　居住者からの目線で潜在的な不具合や改善要望を引き出す大切な調査です。バルコニー等専用使用部分等の情報を入手できます。また、上下階の不具合の関連性や、範囲、分布状況を把握することができます。居住者が回答しやすいようにアンケート内容はわかりやすくシンプルにすることが望まれます。

③目視診断
　目視診断とは、外壁の仕上げ材、屋上防水、バルコニー、共用廊下、建具類、鉄部等を目視や触診、打診を行い、劣化現象や劣化進行具合等を把握することです。アンケート調査結果と照らし合わせ、個々の部材の状況と全体の傾向を確認し、計画修繕の基礎データとし、あくまで傾向を把握する劣化診断であることから、漏水等が確認できる場合等、必要に応じて詳細な劣化診断を行う事があります。

④物理診断
　物理診断とは、コンクリートや外壁等に発生する劣化現象や劣化

進行具合等をより具体的に把握するため、耐力や耐久性を損なわない程度に簡易破壊して、診断する方法です。主にコンクリート、外壁（塗装・タイル）、シーリングに対して行うのが一般的です。以下にそれについて説明します。

〈コンクリートに対する物理診断について〉

「中性化試験」「コンリート中の塩分量試験」「鉄筋腐食試験」「ひび割れ診断」「圧縮強度試験」「赤外線映像装置調査」等が大規模修繕に向けた劣化診断ではよく実施されます。ここでは、最も一般的に行われている「中性化試験」について説明します。

鉄筋は錆びやすいものですが、コンクリートはアルカリ性なので、鉄筋をコンクリートに包むことで鉄筋を錆から守る効果があります。しかし、雨水や空気中の二酸化炭素により、コンクリート表面からアルカリ性が失われていきます。これを中性化といいます。

コンクリートの中性化が進行すると、やがて内部の鉄筋が錆びて膨張し、コンクリートの爆裂を招く等、耐久性の低下に繋がります。中性化がどこまで進行しているかを測定するのが中性化試験です。試験方法は、測定する部位に小さな孔を開け、フェノールフタレイン溶液を塗布し、色の変化からアルカリ性が失われている部分の深さを測定します。小中学校の理科の授業で行われた紫色の薬品を用いた実験と同じものです。

〈塗膜の物理診断について〉

塗膜の物理診断には、目視や専用ハンマーでの打診を行い、外壁材の劣化や浮きを調べる劣化診断や塗膜の付着力試験等があります。

（a）目視・打診

目視及び打診を行うことで、汚れ、変退色、白亜化、光沢の低下、摩耗、ひび割れ、膨れ、剥がれの確認を行います。

（b）塗膜付着力（引張）試験

塗膜に5cm角程度のアタッチメントを付着させ、塗膜と一緒にアタッチメントを引っ張ることで、下地と塗膜の付着力を測定します。こ

の試験を行うことで、塗膜の状態を把握でき、既存塗膜の上から、塗装を新たに塗り重ねることができるか、既存塗膜を全面剥がす必要があるのかの判断データとなります。

(c) クロスカット試験

塗膜にナイフ等で傷をつけてセロテープを付着させ、引き剥がすことで残る塗膜の状況によって付着力を判断する方法です。結果に数値的な根拠を表しにくいため、一般的にはあまり行わない調査方法です。

〈タイルの物理診断について〉

外壁と同様に目視や専用ハンマーでの打診を行い、外壁材の劣化や浮きを調べる調査の他、アタッチメントを付けて付着力を調べる試験を行います。

(a) 目視・打診

タイルそのものは、劣化速度が大変に遅く、建物の寿命とほぼ同じと考えられますが、タイルを貼った壁面等は、タイルや下地モルタルが長年の風雨や昼夜の温度差等で収縮を繰り返し、浮きやひび割れ、目地の劣化が生じます。

目視でタイルのひび割れ、白華現象、剥落、汚れ等を判断します。また、打診を行い、タイルや下地モルタルが浮いているかどうかの判断を行います。

(b) タイル付着力(引張)試験

タイルにアタッチメントを付着させ、タイルと一緒にアタッチメントを引っ張ることで、下地とタイルの付着力を測定します。

(c) 赤外線映像診断

外壁面が太陽光の放射熱で暖められると、健全な部分ではタイルから躯体へそのまま熱が伝わるのに対して、剥離部分ではタイルと躯体の隙間により、熱が伝わり難く、健全部と温度差が生じることを利用して診断する方法です。

注意点としては、赤外線カメラを向ける角度に制約が多くある事やバルコニー腰壁等、内側部分にあるタイル等の場合には、正しい結果が出ない等、どのような場合にも適した調査方法とはいえない面があ

ります。

〈シーリング材の引張試験について〉
　シーリング部の劣化診断は、目視や触診といった方法の他に、一部を数センチ切り取り、引張試験（物理診断）を行うことで、弾性を調べる試験方法があります。
　シーリング材に求められる性能は追従性と止水性です。先ず、目視でひび割れ、剥離といった状況を確認し、引張試験で追従性が衰えていないかの確認を行います。シーリング材は建物の中でも劣化の進行が早いため、重点項目となります。

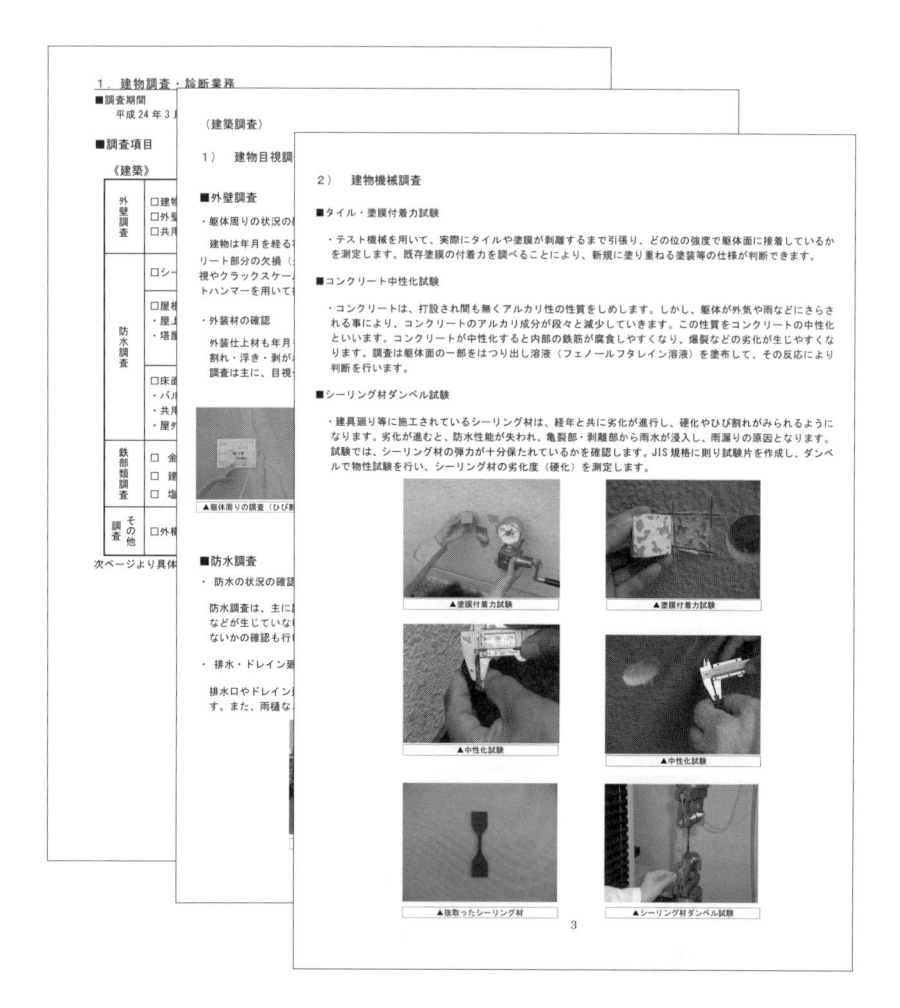

Q45 屋上やバルコニー等の防水面の劣化診断・調査には、どのような方法がありますか？

ANSWER 防水層の劣化診断方法は、主に目視や打診です。表面の劣化具合や勾配、水溜りの跡等を観察します。また、屋上下階の居住者に聴取を行う等、現状を確認することも重要になります。

他の部位と異なり、屋上等では、保護層がある場合は、直接防水層の状態を観察することができません。そのため、保護層や伸縮目地の具合等から間接的な判断をします。また、居住者や管理員へのヒアリングを行い漏水の有無を確認することが重要になってきます。

その他の物理的な調査については下記のようなものがあります。

〈その他〉

共用廊下やバルコニー等に多く用いられているウレタン塗膜防水等は、測定器を用いて膜厚調査を行い、防水性能を発揮できる膜厚が残っているかの確認を行います。

屋上等に多く用いられているアスファルトやシート防水は、切抜き調査を行うと漏水の危険性を高めてしまうため、目視や打診のみの調査を行うことが一般的です。

Q46 劣化にはどういったものがありますか？

ANSWER 劣化の要因は、主に①物理的劣化、②機能的劣化、③社会的劣化に分けることができます。

①物理的劣化とは、雨水や空気中の二酸化炭素等の化学的要因や継続

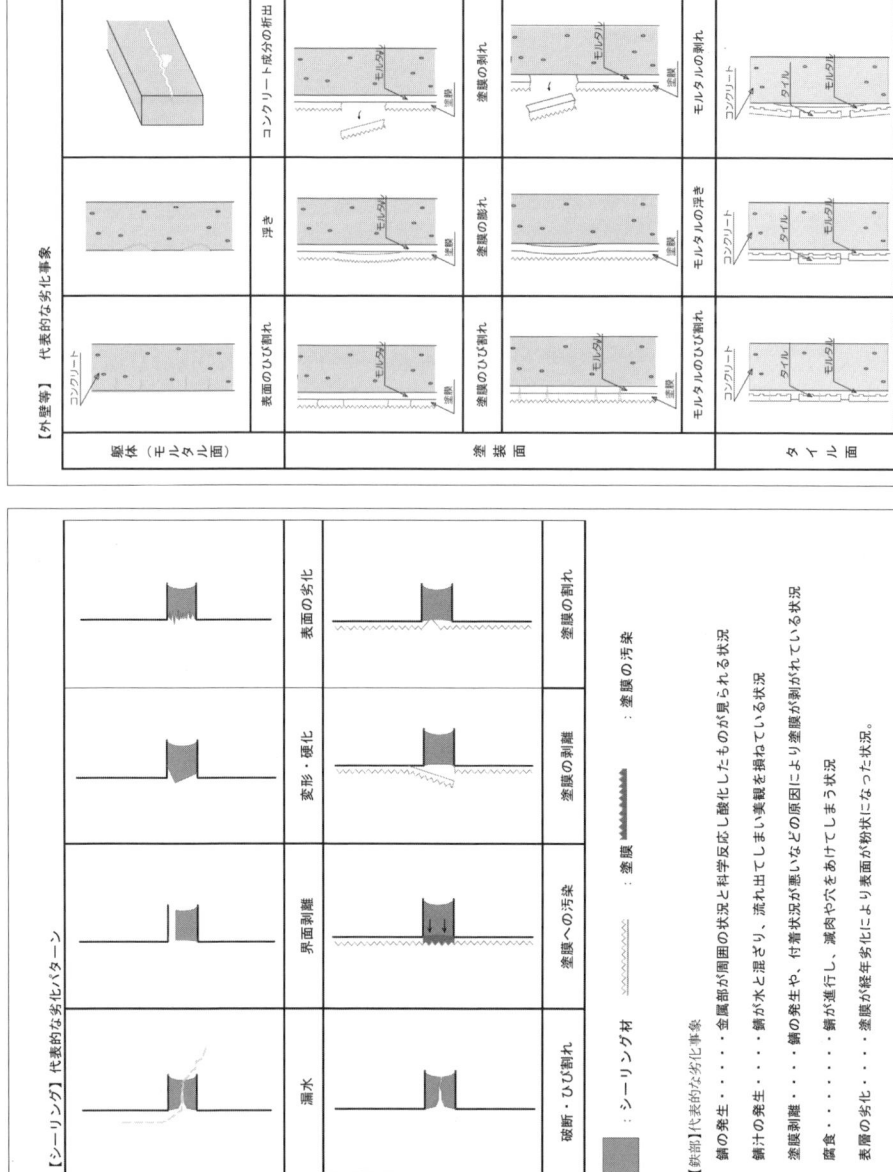

物理的劣化の一般的な例

【シーリング】代表的な劣化パターン

破断・ひび割れ	漏水	界面剥離	変形・硬化	表面の劣化

		塗膜への汚染	塗膜の剥離	塗膜の割れ

: シーリング材　～～～～：塗膜　▬▬▬▬：塗膜の汚染

【鉄部】代表的な劣化事象

- 錆の発生・・・・・金属部が周囲の状況と化学反応し酸化し錆びたものが見られる状況
- 錆汁の発生・・・・錆が水と混ざり、流れ出てしまい美観を損ねている状況
- 塗膜剥離・・・・・錆の発生や、付着状況が悪いなどの原因により塗膜が剥がれている状況
- 腐食・・・・・・・錆が進行し、減肉や穴をあけてしまう状況
- 表面の劣化・・・・塗膜が経年劣化により表面が粉状になった状況。

【外壁等】代表的な劣化事象

躯体（モルタル面）	表面のひび割れ	浮き	コンクリート成分の析出	鉄筋爆裂・欠損
塗装面	塗膜のひび割れ	塗膜の膨れ	塗膜の剥れ	表層の風化
塗装面	モルタルのひび割れ	モルタルの浮き	モルタルの剥れ	
タイル面	タイルの割れ	タイル陶片の浮き	コンクリートからの浮き	タイルの剥れ

使用による減耗等による劣化です。
②機能的劣化とは、技術の向上や法的規則の変化により、当初設置された性能や機能が陳腐化してしまう劣化です。
③社会的劣化とは、社会的要求水準や要求内容が変化することによって生じる価値の劣化です。

Q47 バルコニー調査を行う住戸数の目安はありますか?

A 全戸のバルコニー調査を実施するのは、調査費用が高額となる事や居住者への負担が大きい事等から、通常、サンプリング調査として、概ね、全住戸の数%から10%程度の住戸に対して行います。

調査の段階でのバルコニー調査は、修繕数量を確定させるものではなく、劣化の傾向を把握し、工事仕様に反映させることが目的であるため、このように、サンプリング調査という考え方を採用します。

Q48 調査対象となるバルコニーの選定はどのように行うのですか?

A バルコニーの調査では、東西南北、低層から高層にバランス良く選定し、建物全体の劣化傾向を把握することが望まれます。

日照や風雨の当たり方等により劣化状況は異なります。可能であれば東西南北、高層階、中層階、低層階に調査対象住戸を振り分けることが望まれます。バランス良く、調査対象住戸を選定する事でより精度の高い調査となります。

5 大規模修繕の設計・仕様について

Q49 大規模修繕では、どのような工事項目がありますか？

ANSWER ひび割れの補修や塗装、防水といった実際に建物の保全に関わる工事の他に、作業をするために必要な足場や現場事務所の設置といった工事項目もあります。主な工事項目は以下に説明します。

〈大規模修繕の主な工事項目〉

①共通仮設工事－仮設事務所　・仮設資材置場　・仮設トイレ
　・仮設電話　・仮設水道

　　共通仮設工事は、現場事務所・作業員詰所、資材倉庫、仮設便所・洗い場等、工事を行うために必要な設備です。

②直接仮設工事－足場の設置　・養生シート・落下防止養生　・バリケード・ガードマン等の安全対策

　　直接仮設工事は、建物の外周に架ける足場、飛散防止のためのメッシュシート養生、落下防止のための防護棚、足場侵入防止のための金網養生等、居住者や作業員の安全を確保するために必要な設備です。工事期間中は、足場やメッシュシートが建物全体を覆った状態になり、時に騒音が発生します。工事の内容によっては、バルコニーに出られない期間も数日あります。

③下地補修工事－ひび割れ、欠損、鉄筋爆裂等の劣化補修

　　劣化状況により補修方法は異なりますが、ひび割れ、欠損、鉄筋爆裂といった劣化箇所の補修項目です。一般的には、実数精算項目とし、仮設足場を設置した際に補修対象箇所の調査を行い、補修を実施した数量に応じて精算を行います。

④外壁等塗装工事

　　1回目の大規模修繕では、既存塗膜の付着力が維持されている場

合が多く、既存塗膜を撤去しない場合がほとんどですが、2回目、3回目になると既存塗膜の付着力が落ち、劣化した塗膜を除去して塗装を行います。この場合、健全な塗膜まで撤去するかどうかは、その塗膜の健全さや予算にもよります。全面剥離させる場合は、平滑な下地をつくりやすいため、綺麗な仕上りになりますが費用が掛かります。

　既存塗膜の一部を残す場合、どうしても仕上りの平滑さが確保できずに景観に優れないケースが多いようです。

　既存の外壁には、外壁塗装、上裏・ボード面には通気性塗料、意匠壁には装飾性塗材が施されており、各部位に適した塗装を選定します。

⑤鉄部等塗装工事

　既存鉄部の脆弱部を撤去し、錆止めを行い、塗装を施します。

　一般的に鉄部塗装の時期は、5～6年毎と言われており、早期に塗装を行うことで、錆びの発生を抑止できます。鉄部の劣化が進行し腐食すると、修繕がより難しくなってしまうため、適切な周期で修繕・補修工事を行う事が必要です。

⑥シーリング工事

　サッシ廻りや外壁目地等のシーリングの打替えを行います。

　シーリング材の耐用年数は、使用部位にもよりますが、一般的に12年程度といわれています。しかも足場がないと施工が出来ない部位が多いため、大規模修繕の際には、全面打ち替えるのが一般的です。

⑦防水工事

　屋上、バルコニー、開放廊下、外部階段等の防水工事の項目です。

Q50 鉄筋コンクリートのひび割れや欠損等の補修の方法は、どのように行うのですか？

ANSWER　補修方法は、劣化現象や劣化原因、部材等によって異なりますが、鉄筋コンクリートの主な劣化現象は、ひび割れ、欠損、鉄筋爆裂になります。

①ひび割れの補修方法

　ひび割れは、幅の大きさや今後挙動する恐れがあるか等を把握し、補修方法を決めます。

　「0.2〜0.3mm未満」のひび割れの要因は、ほとんどが紫外線や温度差等に生じる部材の収縮によるもので表層の劣化といえます。この場合は、ポリマーセメントモルタルによる擦込み等を行い、ひび割れを埋め、補修を行います。

　「0.2〜0.3mm以上」の補修方法については主に2種類あります。ひび割れに挙動がある箇所には「Uカットシーリング工法」を選択します。挙動がなく、躯体と一体化が必要であるひび割れについては「エポキシ樹脂低圧工法」を選択します。

　以上のことから適材適所にあった補修方法があり、建物の寿命においても重要な工事項目であるといえます。

②欠損の補修方法

　欠損の大きさや鉄筋の錆や腐食等の劣化現象によって補修方法が異なります。欠損箇所が大きいほど落下をしないように軽く、接着力の強い補修方法が用いられます。また、コンクリート内部の鉄筋が錆び、腐食することで鉄筋自体が膨張し、外側のコンクリートを押し出して、欠損を引き起こす鉄筋爆裂といった劣化状況もあります。このような状況の場合、健全な鉄筋が確認できるまでコンクリートを剥がし、鉄筋に付いた錆を除去し、錆止めを行った上で、欠損補修を行います。

Q51 足場の設置が必要な工事、不要な工事があるのですか？

A ANSWER 妻側やバルコニー側の外壁塗装や下地補修といった外壁廻りに関する修繕の際は、仮設足場が必要になります。

すべての修繕に仮設足場が必要ではありません。例えば、共用廊下内や外部階段内等の内側の修繕を行う場合は、足場は必要ありません。

仮設足場の要・不要修繕工事種別を下記に示します。

〈必要〉

①下地補修工事（妻壁や手摺の外側等のひび割れや欠損部分等の補修）

②外壁塗装工事（妻壁や手摺の外壁等の塗装）

③シーリング工事（サッシ廻りや打継ぎ目地等のシーリングの打替え）

④庇等の防水工事

〈準必要〉

⑤バルコニー防水工事（床面等の防水）

⑥ルーフバルコニー防水工事（床面等の防水）

〈不要〉

屋上、塔屋、共用廊下、共用階段、その他の屋内

Q52 仮設足場の種類はどういったものがありますか？

A ANSWER 一般的に使用されている単管足場・枠組足場、ゴンドラ、昇降式移動足場等があります。

　仮設足場の種類は、一般的に主流とされている単管足場や枠組足場、高層ビル等で用いられるゴンドラや昇降式移動足場、低層部位に用いられるローリングタワー、一部の補修に用いられる一人乗り用ゴンドラ（ブランコ）等があります。どの仮設足場方法も長所、短所があります。

Q53 外壁塗装は、どのような工事をするのですか？

A ANSWER 外壁塗装は、①下地補修⇒②高圧洗浄（脆弱塗膜の剥離）⇒③下地調整材⇒④上塗り塗装の手順で行います。旧塗膜の付着力が規定値を満たない場合には、全面的に塗膜を剥離する場合も出てきます。

　塗膜表面の処理・清掃やコンクリートのひび割れ補修等の下地補修を行い、経年によって付着した雨だれやカビ、コケといった汚れを落とすために高圧洗浄を行います。その際に、ある程度の脆弱塗膜は剥がれますが、残った脆弱塗膜も剥がす必要があります。
　次に、下地調整材を塗布し、その上から外壁塗装を行います。
　外壁塗装では、建物の揺れや振動に耐えうる柔軟性と風雨からコンクリートを守るための撥水性が求められます。下地調整材はコンクリートと塗り材との相性を良くさせ、上塗り塗装で外壁に撥水性を持たせます。

また、一般的に大規模修繕で用いられる外壁塗料は水性系と溶剤系に分類されます。

水性系は水で化学変化を起こし、溶剤系はシンナー等で化学変化を起こし凝固、つまり固まります。従来は溶剤系が耐久的に優れているとされていました。しかし、若年者のシンナー問題や環境重視のため、研究が進み、水性系も溶剤系も性能の格差がなくなりつつあることから、水性系を使うケースが多くなってきています。

Q54 タイルの補修は、どのような工事をするのですか？

A ANSWER タイルの補修方法は、主に脆弱タイルを撤去し、新たなタイルを張る「張替え」とエポキシ樹脂の注入等による「再接着」になります。

ひび割れや欠損しているタイルや、タイル自体が浮いている場合は、既存タイルを撤去し、貼り替える事が原則です。また、予算との兼合いもありますが、タイルの下地モルタルとコンクリート躯体との間で浮きが生じている場合は、エポキシ樹脂とステンレスピンによる再接着を行う場合もあります。その他にタイル表面に特殊繊維ネットとピンにより補強下地を構築し、新たな仕上げを施し、タイルの落下を防止する修繕工法も開発されています。

Q55 外壁の塗装には種類がたくさんあり、どこにどの塗料を使えばいいのかわかりせん。また、グレードも様々あり何が良いのかわかりません。

ANSWER 塗料の種類には、適材適所に応じて様々な材料があります。

例えば、外壁に使用される材料は、防水性の高い塗料、上裏等に使用される材料は、通気性の良い塗料という具合です。

それは、外壁は風雨から躯体を守る必要があり、上裏は躯体内に入ってしまった水分を逃がす役割が必要になるからです。

塗料の主成分は、アクリル系、ウレタン系、シリコン系、フッ素系の4種類に大きく分けられます。その中で昨今、外壁には、コスト面、耐久性のバランスが良いシリコン系の塗料が最も良く使われているようです。

Q56 鉄部塗装はどのような工事をするのですか？

ANSWER 鉄部塗装は、①ケレン（錆・脆弱塗膜の剥離）⇒②錆止め塗装⇒③上塗り塗装（2回）の手順で行います。この中でも、ケレンといわれる鉄部の錆や脆弱塗膜を剥離する作業が重要になります。

築年数が経ったマンションでは、鉄部を何度も塗り重ねることによって、扉の開閉不良等が発生する場合もあるため、そのマンションに合ったケレンの方法の選定が重要です。

また、鉄部塗装は修繕周期が一般的に5～6年といわれており、外壁や防水に比べ耐用年数が短いため、大規模修繕と大規模修繕の間に鉄部塗装を行う必要があります。

ケレン

ケレンの種類		劣化状況と錆発生面積		作業内容	作業に使用する工具
1種ケレン		腐食が非常に激しく、塗膜があまりない	30％以上	旧塗膜、赤錆び、黒錆び（ミルスケール）を完全に取り、光沢のある鉄面にします	ショットブラスト、サンドブラスト、酸洗い等
2種ケレン		腐食が著しく、塗膜の劣化もみられる	30％以上	旧塗膜、錆びを全面除去し、鉄面を露出させます	デスクサンダー等の電力工具や皮すき、ワイヤーブラシなどの手工具の使いながら、鉄面を出します
3種ケレン	A	部分的にかなり劣化や錆びがあるもの	15～30％	旧塗膜、錆びを除去し、鉄面を露出させます。ただし、劣化していない塗膜はそのまま残します	皮すき、ワイヤーブラシ、トンカチ等の手工具の使いながら、鉄面を出します
	B	部分的に少し劣化や錆びがあるもの	5～15％		
	C	錆はないが、塗膜が割れ・膨れ・剥がれていたりする部分がある。	5％以下		
4種ケレン		塗膜がありチョーキング（白亜化）、変色程度	5％以下	浮上がった塗膜や錆びを落として、清掃します	ワイヤーブラシで、鉄面を出します

錆び止め塗料

①	鉛系錆び止め塗料	錆び止め塗料として一番歴史が長く現在でも使用されています。錆び止め塗料（OP）と記載されている仕様。それほど錆の問題が発生しない環境向き
②	エポキシ系錆び止め塗料	鉛系錆び止めよりも遥かに錆び止め効果があります
③	錆固め塗料	この塗料の特徴はサビを除去するのではなく固めてしまい、新たなさびの発生を起こさせないというものです

上塗り塗装

	仕様	耐用年数	性能		長所	短所	次回改修性	設計価格比率
			耐久性	耐汚染性				
A	フッ素樹脂系塗装	7～8	◎	○	・耐久性に優れ、汚れが付きにくい	・塗り替えが困難 ・下地のケレンが重要（費用が掛かる）	・塗り替えが困難	1.4
B	シリコン樹脂系塗装	6～7	○	◎	・耐久性に優れ、汚れが付きにくい	・特になし	・同系塗料以外の塗料でも親和性が高い	1.1
C	ウレタン樹脂系塗装	5～6	○	○	・密着性が良く、艶がよい ・価格が安価	・完全硬化するまで時間が掛かる	・通常塗り替えで、頻度に行う必要性がある	1
D	合成樹脂調合系塗装（SOP）	4～5	△	○	・比較的に安価である ・乾燥が早く扱い易い ・黄変しにくく耐光性に優れている	・耐久性が劣る ・厚塗りすると表面のみ乾燥して内部が乾かない ・外部にあまり適さない	・通常塗り替えで、頻度に行う必要性がある	0.7

77

Q57 シーリング工事は、どのような工事をするのですか？

ANSWER サッシ窓の周りや外壁の打継ぎ部等に施されている止水や部材と部材の緩衝を目的とした材料をシーリング材といい、この打替えを行う工事です。

シーリング材の修繕は、基本的には、既存のシーリングを撤去し、新たにシーリングを充填します。

シーリング材料は様々な種類がありますが、大規模修繕では、打継ぎ目地やタイル目地、サッシ窓廻りといった部位毎の仕上材質により、使用する材料がある程度決まってきます。主なシーリング材は、タイル面等シール材が露出する面ではポリサルファイド系か変性シリコン系になります。また、塗装面等非露出面（塗装下）では、ポリウレタン系か変性シリコン系を使用します。シリコン系シーリング材は、他のシーリングや塗装材と相性が悪く、扱いに注意する必要があります。

Q58 防水工事は、どのような工事をするのですか？

ANSWER 屋上やバルコニー、庇といった漏水が発生し易い箇所の防水を行う工事です。

防水工事は、各箇所に応じて適している材料が変わります。また、既存の防水層等の種類や、予算によっては、全面的に更新するのではなく、部分補修という選択肢もあり、どの選択が良いかは現場の状況によって変わってきます。参考として、Wマンションでの比較表を下記に示します。

防水工事比較表

■屋上等の防水比較表一例

	仕様	耐用年数	保証期間	性能				長所	短所	次回改修性
				耐久性	耐汚染性	防滑性	作業性			
A	アスファルト系防水	24	10	◎	◎	◯	◯	・長年使用されている防水であり信頼性がある。 ・アスファルトシートが強度がある。	・複雑な形状に向かない。 ・工程数が多い	・部分補修が可能 ・保護塗料の施工が可能
B	シート系防水	15	10	◯	◎	△	◎	・下地材に影響され難い。 ・施工が容易。	・熱に弱い ・突起物等の内外部からの影響に弱い（傷つきやすい） ・複雑な形状に向かない。	・部分補修が可能
C	ウレタン塗膜防水 ウレタントップ （既存防水）	7～12	5	◎	◯	◯	△	・色の安定性、耐候性に優れている。 ・耐磨耗性に優れている。	・意匠性が悪い（色彩） ・傷がつきやすい	・次回塗り重ね塗り

■バルコニー防水比較表一例【既存：ウレタン塗膜防水】

	仕様	耐用年数	保証期間	性能				長所	短所	次回改修性
				耐久性	耐汚染性	防滑性	作業性			
A	塩ビシート防水	15	5	◎	◎	◯	◎	・磨耗や引っかき傷に強い ・紫外線に強く、優れた耐候性 ・衝撃音吸収性 ・施工性が良い。	・経年劣化が進行すると可塑剤が免散し、材料が硬化・収縮汚れが付着しやすい。	・部分的な補修で対応可能
B	ウレタン塗膜防水 ウレタントップ （既存防水）	7～12	5	◎	◯	◯	△	・色の安定性、耐候性に優れている。 ・耐磨耗性に優れている。	・意匠性が悪い（色彩） ・傷がつきやすい	・次回塗り重ね塗り

■階段室防水比較表一例【超速硬化型ウレタン塗膜防水】

	仕様	耐用年数	保証期間	性能				長所	短所	次回改修性
				耐久性	耐汚染性	防滑性	作業性			
A	塩ビシート防水	15	5	◎	◎	◯	◎	・磨耗や引っかき傷に強い ・紫外線に強く、優れた耐候性 ・衝撃音吸収性 ・施工性が良い。	・経年劣化が進行すると可塑剤が免散し、材料が硬化・収縮汚れが付着しやすい。	・部分的な補修で対応可能
B	ウレタン塗膜防水 ウレタントップ （既存防水）	7～12	5	◎	◯	◯	△	・色の安定性、耐候性に優れている。 ・耐磨耗性に優れている。	・施工性が悪い ・意匠性が悪い（色彩） ・傷がつきやすい	・次回塗り重ね塗り
C	超速硬化ウレタン塗膜防水	7～12	5	◎	◯	◯	◎	・細かい箇所の施工に適する。 ・数時間で仕上がる。	・吹付により塗膜の厚みにムラが出やすい。 ・トップコートの飛散により防水膜層が減耗するため、定期的なメンテナンスが必要である。	・次回塗り重ね塗り

Q59 玄関ドアの経年劣化を修繕するには、どのような工事があるのですか？

A ANSWER 玄関扉の修繕方法は、扉本体や三方枠等の塗装の塗替えを行う事が一般的です。劣化が激しく塗装だけでは回復できない場合には、交換する事も考えられます。

注意が必要なのは、塩ビ鋼板製の扉本体の修繕で、その上に塗装する事が難しく、2回目の大規模修繕の頃には、本体表面のフィルムの貼替えを行うケースもあります。

しかし、表面の塩ビ被覆が劣化して、適切に除去できず、思うような修繕が困難なケースもあり、この場合は扉自体を更新します。扉と共に防犯性の高い錠や枠、ドアクローザー、丁番、ドアスコープ、戸当たりゴム等の部品類の交換も行います。

なお、玄関扉は、原則的には共用部分ではありますが、部品類においては、使用頻度や消耗状況が異なるため、戸別に対応する等の事前の調整が大切です。

また、玄関ドアの耐用年数は36年前後とされており、更新を行う場合は主に以下の工法があります。
①既存枠から本体を撤去し、新たに枠、本体扉を新設する工法
②既存枠を残し、既存枠の上から新たに枠を設置するカバー工法
③既存枠を残し、扉のみを交換する工法

現在は、居住者への負担やコスト面から②のカバー工法が一般的となっています。ただし、開口寸法が狭まるため、事前の確認が必要です。

また、気密性、遮音性、防犯性、機能性に関して、いくつかの仕様レベルがあり、予算を含め検討することが大切です。

Q60 サッシ窓を修繕するには、どのような工事があるのですか？

ANSWER サッシ窓の更新は、国土交通省の長期修繕計画では、築36年目（第3回大規模修繕）に更新（取換え）を行うものとしています。

サッシ窓は、各住戸で専用使用をされていますが、共用部分です。サッシ窓は、取換えを行う修繕だけではなく、第1回目や第2回目の大規模修繕の際に、戸車やクレッセントに不具合がある場合に、その部分だけを交換する場合もあります。

サッシ窓の取換えを行う場合は、以下の工法があります。
①既存枠から本体を撤去し、新たに枠、本体扉を新設する工法
②既存枠を残し、既存枠の上から新たに枠を設置するカバー工法
③既存枠を残し、扉のみを交換する工法

現在は、居住者への負担やコスト面から「②カバー工法」が一般的となっています。但し、開口寸法が狭まるため、事前の確認が必要です。

また、気密性、遮音性、防犯性機能性といくつかの仕様レベルがあるので、環境や予算を含め検討することが大切です。

Q61 サッシ窓の網戸は、大規模修繕で対応してくれるのでしょうか？

ANSWER 管理規約により、共用部である場合と専有部である場合があり、管理規約を踏まえた上で、交換等の対応を大規模修繕で行うかの検討が必要になります。

管理規約によっては、共用部ではあるが、消耗が早いものであるため、その保守や修繕（張替等）は、各戸が負担すると定めたケースも

多くあります。

　仮にそのような場合でも、大規模修繕の際にまとめて修繕や更新を行う事によって安価となる事もあり、組合としてアンケートを取って対応する事も良いでしょう。

Q62 エントランス等の共用部分のバリアフリー化やイメージを変えたいのですがどのように行えばいいのですか？

A ANSWER **計画を進めるにあたり、デザインや法令面の専門性が求められるため、建築設計事務所等の専門家を選定し、進めていくことが望まれます。**

　エントランス等の共用部分の仕様やイメージは、マンションの資産価値において、重要な要素となります。庇や門構え等のデザインを一新し、意匠性を上げる事や自動扉を新たに設置する等の機能性の向上、スロープを新設し、段差を無くすためのバリアフリー化等、居住価値を高めることは、区分所有者にとっても利益のある選択になります。

Q63 外構（舗装等）の修繕方法はどうすればいいですか？

A ANSWER **歩道の剥がれや凹凸といったところを部分的に修繕し、全体での修繕は、長期的な視野での検討が望まれます。**

　歩道や駐車場の路盤面は、経年と共に劣化をしていきます。特に駐車場のライン（白線）は磨耗しやすい箇所でもあるので、大規模修繕の際に一緒に行う事が良いでしょう。また、駐輪場等がある場合は、

その屋根や支柱が鉄部である事が多く、塗装の修繕が必要です。

⑥ 大規模修繕の施工会社選定について

Q64 施工会社を選定するにあたり、重要な事はありますか？

ANSWER 組合員から徴収した修繕積立金を使う事業であるため、限りなく公共性が求められます。そのために、公平公正である事、透明性が確保できている事、組合に対する充分な広報がされている事が重要になります。

施工会社の選定では、多額の費用が発生するため、一人でも多くの住民が理解し納得のいく選定を行っていく事が大切です。

そのためには、公募や競争入札といった公平性に加え、ヒアリングの開催や広報等を行い、一人でも多くの区分所有者や居住者に理解を広めていくことが重要です。

Q65 施工会社の選定方法には、どのようなものがありますか？

ANSWER 施工会社の選定方法は、主に①入札方式、②見積り合せ方式、③特命随意契約方式等があります。

①入札方式

　業界新聞、公募サイト、住民推薦を利用し、入札希望会社を公募し、応募のあった会社から数社を指名して競争入札を行う方式です。通常、公募を行う場合は、実績、会社規模、経営状態等に選定基準を設けます。応募条件を設けることで、一定以上のレベルの施工会社のみ応募してくるため、選定が行い易くなります。

　しかし、あまりに過度な応募条件は、施工会社が限られ、談合の温床となりますので注意が必要です。

②見積り合せ方式

数社に見積りを依頼し、その内容を検討し、選定する方式です。鉄部塗装等の比較的小規模な工事の際に用いることが多く、これまでにメンテナンス等で信頼のおける施工会社等と併せて見積りを行う事が一般的です。

③特命随意契約方式

新築時の元施工会社、前回工事の施工会社、管理会社等、特名の1社を指名して見積りを取る方式です。特名であるため、競争の原理が働かず、公正性や透明性に欠け、最近は、特に管理組合においては、採用されなくなっています。

しかし、特命随意契約方式を採用する場合は、最近よく行われるようになった、原価や利益等を開示するオープンブック方式を採用する事を前提で施工会社等を選定することも一考です。

Q66 施工会社の公募方法は、どのように行うのですか？

A ANSWER 施工会社の公募は、業界新聞、公募サイト、会社のホームページ等に掲載を依頼する事が一般的です。

インターネット等により公募する方法もありますが、業界新聞が無償でページの一部を提供してくれるサービスを利用する例も多いようです。いずれの場合にも、公募すれば、立地条件にもよりますが、100社を超える会社が応募し、対応に苦慮するケースも考えられます。応募条件を定めて一定レベルの会社に限定する方法が良く使われています。しかし、過度な偏った応募条件は、応募会社が少なくなり過ぎることがあり、談合等の不正の温床になることがありますので、注意が必要です。

Q67 公募する場合の施工会社の選定は、どのように進めればいいのですか？

ANSWER 施工会社の選定は、公募⇒一次選定（見積り依頼会社の選定）⇒見積依頼⇒二次選定（面接を行う会社の選定）⇒三次選定（面接）⇒内定会社決定の順序で進むことが一般的です。

業界新聞やインターネット等を利用し公募を進めていくことが一般的です。その後、応募のあった施工会社等から会社規模や実績等の資料を基に一次選定を行います（ここで選定において重要な事は、選定基準を明確にするということです。実績や会社規模、経営といった情報を精査し、工事内容、金額、マンションに見合った選定基準を設けることで選定はスムーズに進みます）。

そこで、選定した施工会社に見積依頼を行います。そして、見積入札を行った後に、各社の見積書を分析して比較できる資料をつくってから、見積金額や予定現場代理人等を比較して二次選定を行います。

また、最終決定では、施工会社へのヒアリングを行い、見積りや提案の内容、実績、信頼感、予定代理人の資質等を要素に施工会社を選定します。

Q68 大規模修繕の施工会社には、どういった会社がありますか？

ANSWER 大規模修繕の会社には、大規模修繕を主に行っている専門会社やゼネコン（総合建設会社）、管理会社の工事部門等があります。

近年、大規模修繕の需要が増えるにつれて、専門会社の増加やゼネコン系の会社が改修工事を始めるケースが増えてきました。選定での

注意点としては、新築工事と改修工事の大きな違いです。

新築工事では、工事関係者だけの現場で施工管理に集中できますが、大規模修繕では、居住者が住みながらの修繕工事になるため、居住者への対応、配慮が必須になります。新築工事は管理できても、改修工事にはうまく対応できない施工担当者が少なくありません。選定ではこういった見極めも重要になります。

Q69 施工会社の見積依頼は、どのように行うのですか？

A 比較できるように工事項目や仕様等同一条件で見積りを行います。

管理会社や建築設計事務所に依頼して、設計図書（工事仕様書、図面、数量内訳書等）の見積依頼資料を作成し、同一条件で各施行会社へ見積依頼を行うのが一般的です。

Q70 工事請負契約書の中で、見積書上の実数清算項目とはなんですか？

A 下地補修等の見積段階でその数量を正確に特定できない一部の工事について、工事金額の増減を認める工事項目です。

大規模修繕では、実際に仮設足場を設置しないと確認が出来ない箇所があるために、下地補修等の数量を仮に設定した数量で請負契約を締結し、実際に足場を架けた段階で全面調査を行い、見積り時の数量との増減分を精算することになります。

実際に発生した工事に対する費用を適切に支払う方法であるため、発注者、請負者の両者にとってもリスクのない方法です。しかし、見積時に見込んでいた費用よりも少なくなることもある反面、増額になることもあるので、その点を事前に関係者で合意し、区分所有者に、充分な説明をする事が大切です。

Q71 施工会社のヒアリング（面接）は、どのように行うのですか？

A ANSWER ヒアリングは、施工会社からの説明があり、その後に管理組合等からの質疑時間を設ける事が一般的です。

　ヒアリングの際は、建築設計事務所等の専門家からアドバイスを受けて質問し、各社の工事に対する考え方の違いや意気込み、現場代理人の資質の違いを確認する事が大切です。

7 大規模修繕の工事について

Q72 大規模修繕の着手時期の目安はありますか？

A ANSWER 大規模修繕は、主に春に着手する場合と秋に着手する場合に分かれます。

　大規模修繕の着工時期は、様々ですが、多くの場合、年末年始と夏休みを避ける傾向があり、春工事と秋工事に分かれているのが実態です。

　春工事は、2月～7月頃に行われる工事です。寒い冬を避け、暑く雨の多い季節を避ける事にもなります。また、秋工事は、通常総会時期が5～6月に多いため、決議後の着工ということで春工事に比べ、秋工事の需要が比較的多いとされています。秋工事は、猛暑が終わる8月下旬～12月迄の工事が一般的です。

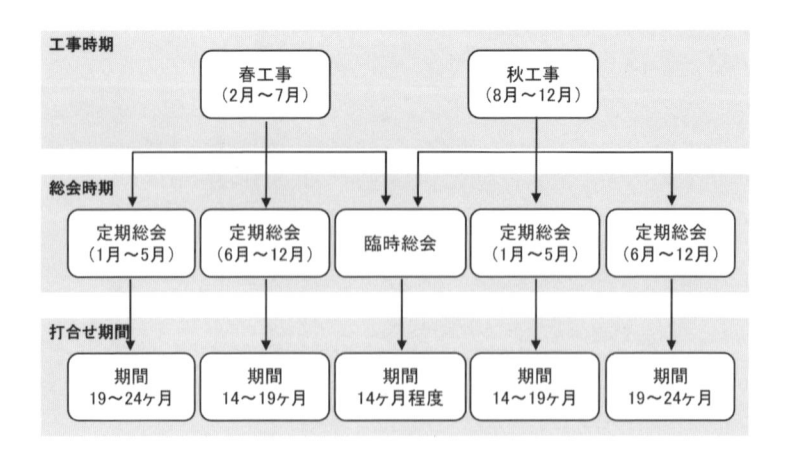

工事時期	春工事 (2月～7月)			秋工事 (8月～12月)	
総会時期	定期総会 (1月～5月)	定期総会 (6月～12月)	臨時総会	定期総会 (1月～5月)	定期総会 (6月～12月)
打合せ期間	期間 19～24ヶ月	期間 14～19ヶ月	期間 14ヶ月程度	期間 14～19ヶ月	期間 19～24ヶ月

Q73 工事期間中の理事会や専門委員会の進め方はどのようにすればいいですか？

ANSWER 月1～2回程度の打合せを行い、進捗具合等を確認し、決定すべき色や材料を承認する等、工事の進行に合わせて進めていきます。

一般的には、工程をみながら、2者（理事会、施工会社）若しくは3者（理事会、施工会社、監理者）で打合せを行います。また、中間検査や竣工検査等で、実際に施工状態を見て、適切な工事が行われているか等を確認し、不具合があれば監理者を通して是正させる事が行われます。

Q74 工事監理とは、どういった事を行うのですか？

ANSWER 監理者が、管理組合に代わり、工事が設計（契約仕様）の通りに行われているかを確認し、設計通りでない場合は施工会社に是正の指示を行う等、管理組合と施工会社との調整役となります。

工事監理とは、建築士の独占業務で、第三者の立場から、設計図書や施工計画と照合し、工事が設計図書や施工計画書の通りに実施されているかいないか、また、不具合等が発見された場合は、施工会社に是正の指示を行うことです。

大規模修繕工事では、足場架設後に行う全数調査により、修繕数量が変動したり、現場の状況や管理組合の意思により、新たに追加工事が発生する場合が多くあり、このような場合に工事監理者の助言が重要です。

Q75 工事期間中の検査には、どのようなものがあるのですか？

A ANSWER 工事の検査は、大きく①自主（施工会社）検査⇒②監理者検査⇒③管理組合検査があります。

先ず、施工会社自ら行う自主検査があります。その自主検査での不具合等を是正した後に、監理者検査を実施します。また、最終確認として、管理組合検査があります。

管理組合検査は、主に①下地検査⇒②中間検査⇒③足場解体前検査⇒④竣工検査の順で実施されます。
①下地検査では、実際に足場に登り、建物の外壁のひび割れ等の劣化

に応じて、適切に補修が施されているかの確認を行います。
②中間検査では、外壁の塗装や防水の状況を確認します。
③足場解体前検査では、仮設足場を撤去する前に、主に足場が必要である箇所の外壁、防水、シーリング等の最終確認を行います。
④竣工前検査では、竣工前の全体の最終確認を行います。是正が完了すれば竣工引渡しとなります。また、工事監理者がいる場合は、常に現場に立ち会う常駐監理や、週1～2度で監理を行う重点監理の差異はありますが、主に工事項目毎の完了時に足場に登り確認することや適正に修繕が行われる環境を整えるための試験施工等を確認します。

管理組合検査は、素人の検査であるため、何が良くて、何が悪いかの判断ができないことが多く、また、足場やゴンドラ等の危険な設備に乗っての検査は、危険が多く、もしも事故になれば大規模修繕実施の意味がなくなります。したがって、工事監理者やコンストラクション・マネジャーやリノベーション・マネジャー等の管理組合側の専門家に任せることをお勧めします。

Q76 工事は、土日、祝日も行われるのでしょうか？

A 一般的には、祝日を除く月曜～土曜です。

雨天時等仕事ができなくなる日も考慮すれば、月曜日から土曜日までを工事日とする事が一般的です。また、日曜日と祝日は、休みとするのが原則です。

居住者の中には、自分は水曜日が休日で、家で寛いでいるので、水曜日を休みにしてくれと言ってくる人がいるかも知れません。しかし、あくまで多くの居住者が自室に居る可能性の高い日曜日、祝日を休み

とするのが合理的です。

　土曜日を休工とする条件の発注も可能ですが、工期が延び、工事費用が割高となる事が考えられます。

　しかし、天候不良等で工程の遅れている場合や、居住者の在宅が必要な作業がある場合、日曜、祝日に作業を行う事があります。そのような場合は、事前に理事会に確認をし、お知らせを配布した上で作業を行います。

Q77 工事の作業時間帯は決まっていますか？

ANSWER 季節の日没の時間帯によって異なりますが、8時頃～17時頃が一般的です。

　作業の都合や天候不順により残業する場合も考えられます。その場合は事前に管理組合の許可を受ける必要があります。

　また、現場代理人が資料を作成するために現場事務所に遅くまでいる場合もあり、事前に工事説明会等で周知させる事が必要です。

Q78 バルコニー内の工事があるようですが、エアコンは工事中に使用できますか？

ANSWER 原則は、使用できます。

　バルコニーの防水工事の際、エアコンの室外機から水が出るのが問題となりますが、排水ホースを延長する等の工夫で対応可能です。

　ただし、エアコンの型式によっては、対処できない場合もあり、そ

の場合は、1週間程度の使用制限が発生するケースもあります。いずれも、事前の説明会等できちんと説明されるはずですから、不明な点は、ご質問されると良いでしょう。

Q79 在宅が必要な工事はありますか？

ANSWER 大規模修繕の内容に異なりますが、主に玄関ドア扉及び枠の塗装の際には、在宅が必要です。

主に下記の作業の際に在宅が必要になります。
①玄関扉及び枠の塗装（2～3日程度）
②玄関ドア、サッシ窓更新工事（調査及び施工）
③床スラブ下排水管等の専有部内の共用部分の改修
④バルコニー防水工事のエアコン室外置場の移動が困難であり、取外しが必要な場合
いずれも工事説明会等で詳しい説明があるはずです。

Q80 工事中にバルコニーに洗濯物は干せますか？

ANSWER 通常は、工事説明会等で説明されるはずですが、エントランス等の目立つ場所に設置する工事用掲示板に洗濯物情報を貼り出したり、個別に干せる日と干せない日の案内をしますので、確認が必要です。

工事説明会等で、バルコニーに洗濯物を干せる日の制限について広報する手段が説明されていると思います。
多くの現場では、エントランスホール等に設けられた工事用の掲示

板に毎日の情報を事前に掲示する事が多いようです。また、各戸にチラシを配付する場合もありますので、問い合わせ先に確認するのが良いでしょう。

Q81 網戸を外す方法がわかりませんがどのようにすべきですか？

A ANSWER 網戸の種類にもよりますが、居室内から見て網戸の上部左右に、網戸脱落防止のための金物がついています。この金具はネジで固定してあるため、ドライバーでネジを緩めることで外せます。

工事説明会等で、網戸の外し方がわからない方のためのサポート方法が示されたりします。工事中の窓口となる工事関係者に確認して下さい。

8 大規模修繕工事後について

Q82 瑕疵担保責任とはなんですか？

ANSWER 民法では、施工会社（請負者）の仕事に瑕疵があった場合に、施工会社が負うべき責任について、634条から640条にかけて規定をおいています。施工会社の瑕疵担保責任といいます。以下、この規定につき、簡単に解説します。

瑕疵担保責任は、民法、品確法、宅建業法によりますが、大規模修繕では、民法のみの適用となります。また、瑕疵担保責任は、施工会社の無過失責任であり、たいへん大きな責任です。

聞き慣れない言葉ですが、まず「瑕疵（かし）」という言葉とその意味を理解しておくことが必要です。

瑕疵とは、欠陥とほぼ同じ意味で、契約どおりに工事が行われていない部分や、機能や品質が、当然に備わるべきところ、備わっていない部分を指します。工事請負契約内容や図面と異なる仕様になっている事に伴う不具合や性能の不足が生じる場合も瑕疵であると言えます。

工事の瑕疵が明らかな場合、管理組合は瑕疵修補請求権がありますが、①瑕疵修補を請求しないで、その代わりに損害賠償請求をすることができること、②瑕疵修補請求をしても、なお填補されない損害があるときは、瑕疵修補と併せて損害賠償請求ができます。

大規模修繕の成果について、瑕疵があるときは、管理組合は相当の期間を定めて、施工会社に対し、瑕疵を補修するよう求めることができます。この修補請求権には、例外があります。それは、瑕疵が「重要」でなく、かつ、その補修に「過分の費用」が掛かるときは、補修を求めることができません。この場合は、損害賠償請求のみができることになります。しかし、大規模修繕において、何が「重要」で、補修費がいくら掛かれば「過分の費用」であるということを、簡単に示すことはできません。また、瑕疵か瑕疵でないかの判断は難しく、調停や訴訟という事になる場合もあります。このようなことを避けるために、大規模修繕では、アフターサービス特約を定めるようになりま

した。

　工事完成後、いつまでも施工会社が瑕疵を担保することは不可能ですから、契約の際に瑕疵担保期間を取り決めます。瑕疵担保期間は一般的に1年〜2年です。契約時に十分確認することが重要です。

Q83 アフターサービスとはどのような事を行うのですか？

ANSWER　大規模修繕工事のアフターサービスは、工事請負契約の特約により、定められた部位に不具合が起これば、施工会社が無償で修理するものです。

　大規模修繕工事が終わり、工事箇所に不具合が生じた場合に、アフターサービスの契約がなければ、瑕疵担保責任を施工会社に問うことになります。その場合、まずその不具合が瑕疵か瑕疵でないかを争うことになります。施工会社が自ら瑕疵と認めるか、裁判で瑕疵と認められて、初めて補修をしてもらえることになります。そのような面倒なことを避けるために、アフターサービスという契約が登場しました。アフターサービスは、施工箇所に不具合が生じた場合に、瑕疵の有無とは関係なく、施工会社が補修するというものです。

　アフターサービスを「工事保証」と記述する場合が多いのですが、建築設計事務所の担当者や施工会社の担当者でも、この表現を瑕疵担保責任と混同する場合があるので注意が必要です。

Q84 アフターサービス内容や年数は決まっていますか？

ANSWER アフターサービス点検は、部位や使用した材料により異なります。大規模修繕で、良く採用される仕様におけるアフターサービス期間は以下の通りです。

　アフターサービス期間は、現仕様や改修時の仕様、施工会社等の契約等により、異なるため、工事を行う際は、確認が必要です。
①外壁塗装　　5〜10年程度
②上裏塗装　　2〜3年程度
③鉄部塗装　　2〜3年程度
④下地補修（ひび割れ、欠損、鉄筋爆裂等の補修）　5年程度
⑤ウレタン塗膜防水　　5〜10年程度
⑥塩ビシート複合防水　5年程度
⑦改質アスファルトシート防水　10年程度
⑧塩ビシート機械式固定防水　10年程度

9
大規模修繕
応用編
具体的な質問

85　管理組合の維持保全の考え方について

　私のマンションでは、理事が毎年代わるため、長期的な修繕計画等の組合事業が継続的に検討されにくい構造にあります。理事達は、専門的な知識が充分ではないので、結局は管理会社の提案に従うしかないというのが実情です。他のマンションでも似たようなものなのでしょうか。

　理事会は１年更新である場合が多いのですが、２年制という例もあります。また、２年制の場合は、１年で半数ずつ入れ替わり制というのもあります。これは事業の引継を考えると合理的のようですが、いずれの場合にも、管理会社のサポートが重要であるのは言うまでもありません。
　主体性を持った理事会の活発な運営が望まれるところですが、長期的な修繕計画等専門プロジェクトに対しては、専門委員会を理事会の諮問機関として組織するといった方法がよく行われます。さらに必要に応じて外部の専門家を活用する事によって、より客観性を持たせた、合理的な判断を得るといった選択も有効です。

86　大規模修繕発起の助言について

　私は先月の管理組合通常総会で、本年度の理事長になりました。今年は築後10年目となる事から、周りから大規模修繕の年ではないかと言われています。管理会社に相談してお任せするべきでしょうか。

　管理会社は、管理組合と業務契約を行い、日常の管理業務を受託しています。国土交通省のマンション標準管理委託契約書においては、管理会社の基幹業務として、
①管理組合の会計の収入及び支出の調定、出納

②当該マンションの維持または修繕に関する企画または実施の調整を挙げています。

維持または修繕に関する企画または実施の調整は、管理会社としては、業務契約をしているマンションの基本的な維持保全の方向性を示せることが重要となります。

管理会社は、業務契約の基幹業務内で管理組合に対して、適切にプロとして、大規模修繕の方向性を示す義務があり、管理組合は、真摯にその声を聞くことが重要となります。

管理会社の中には、設計監理方式や責任施工方式等による業務や工事受注の営業を行う会社もありますが、まずは、管理組合として、管理会社に中立的な立場で基幹業務内での助言を受け、納得すれば管理会社にお任せすることも一考と思われます。

しかし、管理会社1社に特命で発注する事になりますと、一般論として、競争が生じないので、工事価格が不透明で割高となるケースもありますので注意が必要です。

したがって、複数の工事会社から見積りを取って、比較検討する方式を選択することが重要です。

価格開示方式、設計監理方式、責任施工方式等の方式を比較検討して、より良い大規模修繕になるように助言するのが、管理会社の最大の基幹業務です。

87 修繕委員会の位置づけについて

大規模修繕工事へ向けて修繕委員会を立ち上げるという話をよく聞きますが、理事会との関係をどのように扱ったら良いのでしょうか。

専門委員会は、国土交通省が2005年12月に示した「マンション管理標準指針」(以下、「指針」という)で、専門委員会の設置について取り上げています。標準管理規約もこの指針に基づいています。

指針では、専門委員会の設置について、標準的な対応は「大規模修繕工事の実施、管理規約の改正等、必要に応じて設置している」、望ましい対応は「委員会（委員）の位置付け、設置期間、任期等が運営細則等で明確となっている」と示しています。指針はコメントで次のように具体的に説明しています。

※修繕委員会も専門委員会の一つです。

　専門委員会を設置する意義は、次のようなことであると考えられます。
　例えば、大規模修繕を実施する場合を考えてみますと、構想から工事実施まで、必要な工事内容の劣化診断・調査、区分所有者全員への情報提供、意識付け、工事施工者の選定、工事実施等と２～３年を要すると共に、その内容は専門的です。
　理事会は管理組合の業務執行機関として通常業務でも多忙な状況にあること、理事は１年ないし２年で交替するのが通例であること、大規模修繕を実施する時期にその分野に詳しい人が必ずしも理事に就任しているとは限らないこと等の理由から、大規模修繕の実施に関する実務を円滑に進めるためには、適任者が他の管理組合業務に忙殺されることなく、継続的に従事することが有効であると考えられます。
　このように、管理組合の業務について、長期的に検討を要する場合、重要な案件、専門性を要するものがある場合に、必要に応じて専門委員会の設置が必要となることから、指針は「大規模修繕工事の実施、管理規約の改正等、必要に応じて設置している」を「標準的な対応」としています。
　なお、小規模なマンション等、理事会とは別に専門委員会を組織することが必ずしも適切ではないマンションもあると考えられますので、大規模修繕の実施や管理規約の改正を検討する場合には、必ず専門委員会を設置すべきという趣旨ではありません。マンションの規模等も踏まえ、その必要性・合理性が高い場合に設置すべきという趣旨です。

また、1年ないし2年で交替する理事と長期間継続する専門委員との関係が不明確なことが起因してトラブルになることもあります。したがって、この専門委員会（委員）の位置付け、設置期間、任期等も、総会決議による運営細則等で定めることが望まれます。

88 大規模修繕の決議要件について（規約で特別決議となっている場合）

　私のマンションは平成9年に組合が発足し、管理規約は当時からのままです。今年、約1億円の予算で大規模修繕を予定していて、総会の準備中です。
　管理規約では、著しく多額の費用を要する工事については、4分の3の特別決議によるとなっています。
　人に聞いたところ、平成14年頃に、区分所有法の一部が改正されて、多額の費用という規定が無くなり、効用や形状の著しい変更以外は、2分の1の普通決議で良くなったと聞きました。当マンションでも、同法に従い、普通決議として良いでしょうか。

　大規模修繕は、区分所有法上「共用部分の変更」にあたります。平成14年の改正で、共用部分の変更は「その形状または効用の著しい変更を伴うもの」に限り、特別決議（区分所有者及び議決権の各4分の3以上の多数による集会の決議）で決するものとなりました。すなわち、普通の大規模修繕であれば、工事金額の多寡に関係なく「その形状または効用の著しい変更を伴うもの」がなければ普通決議で決することができるようになりました。
　それまでは、共用部分の変更について「著しく多額の費用を要する行為」を実施するには、特別決議を経ることを必要としていました。このため、建物の維持・保全の観点から定期的に行う計画修繕工事についても、円滑な実施が困難となっており、マンションの適正な維持管理に支障を来たす場合がありました。そこで、区分所有法が改正され、共用部分の変更について、形状又は効用の著しい変

更を伴うものに限り、特別決議を要することになりました。

ところが、現在の区分所有法に準拠しない従来の規定のままの管理規約は多いと思われます。このような管理組合の場合、法律的解釈の問題があり、以下のような複数の見解があります。

①区分所有法の規定は、強行規定であり、法律が規約よりも優先されるのではないかという説
②管理規約が区分所有法の改正前に存在し、旧法をそのまま写した管理規約であれば、根拠法が変わったのだから、新法の解釈を優先させても良いのではないかという説
③区分所有法は最低限守るべく基準を定めたもので、管理規約によって、より厳しい基準を定めるのは自由であり、特別決議と定めた規約がある限り、これに従う必要があるという説

この問題に関しては、大規模修繕の内容に「形状又は効用の著しい変更」がない場合には、普通決議で進めることができるものと考えられます（吉田徹 編著『一問一答改正マンション法（商事法務刊）』による）。しかし、区分所有者の中には、慎重意見がある場合がありますので、混乱を避けるために現行の区分所有法に合わせ、管理規約を改正することをお勧めします。

89 コンサルタントの選び方について

来年に大規模修繕を実施すべく、専門家の活用を検討しています。

先日、管理組合の理事を対象にした講習会があり、そこで学んだ知識から、設計・施工分離方式が良いと考えています。どのようにして、コンサルタント選びをしたら良いのでしょうか。

管理組合の理事を対象とした講習会がどのようなものかわかりませんが、本当に設計・施工分離方式（設計監理方式）が良いのか検証する必要があります。管理会社の基幹業務の維持保全業務内で、管理会

社の専門家の助言を受けるのも必要と思います。

　新しい大規模修繕の手法である価格開示方式（RM方式）もありますので、検討の価値があると思います。

　実際に、これらのコンサルタント選びは、ホームページ等で探す方法もあれば、業界紙やインターネット等に掲載して自分たちの希望や条件を示した上で、募る方法等もあります。

　また他のマンション管理組合とのネットワーク等があれば、推薦出来る会社の紹介を受けるのも一策です。

　いずれの場合も、1社だけと話をするのでは無く、複数社を集めた上で、その会社の実績や得意とする業務、スタッフの熟練度、有資格者の人数等確認して、選考を進めます。どの業務を委託し、費用は幾らなのか、まずは業務仕様書を作り、各社から費用と共に提案させるのが良いでしょう。その提案の場は、理事会や修繕委員会等の役員を集めた席で、1社ずつ別々に実施するのが一般的です。

　設計・施工分離方式の場合、設計監理者もしくはコンサルタントと呼ばれる専門家の選択が重要なポイントとなります。次期修繕の相談から将来計画へと長い付き合いとなるケースが本来の姿であり、時間をかけて場合によっては先方の事務所を訪問して、チェックするといった慎重さが大切です。

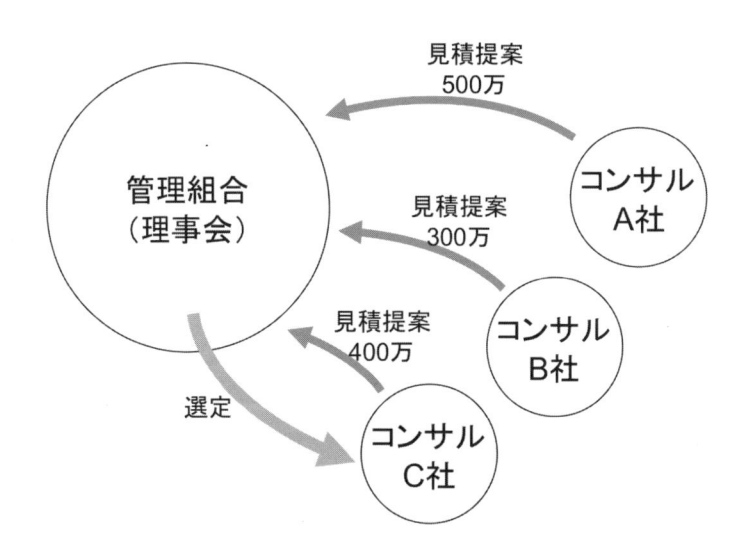

90 大規模修繕に際して、修繕積立金の不足の場合の措置について

　現在、大規模修繕へ向けて、工事業者から見積りを取ったのですが、築14年で初めての計画修繕ということで、一通りの大規模修繕を予定しており、業者に言わせると、フルスペックだそうです。
　ところが、この見積り金額では、修繕積立金が不足しています。借入までしたくありません。
　一概には言えないと思いますが、どのような部分や項目を節約するのがよいのでしょうか。

　築14年ということで、標準的な12年を２年経過しており、本来は一通りの大規模修繕を行うことをお勧めします。どのような仕様で、どのような見積りか定かでないので、一概には言えませんが、設計仕様の見直しや他の施工会社に見積り依頼する等の努力は必要と思われます。
　また、そのような検討を行っても修繕積立金が不足しているのであれば、新しい長期修繕計画を作成して、今回の大規模修繕の予算も含め、修繕積立金の見直しが必要です。適時適切な大規模修繕の実施が貴マンションの資産価値や優良な住環境の維持に欠かせないと断言します。借入や修繕積立金の一時金の徴収も視野に入れなければなりません。
　また、このような事態を静観していた管理会社にも責任の一端があるかもしれません。適切なマンション管理業務ができていなかった可能性がありますので、管理会社に業務内容の是正を依頼した方が良いと思います。
　技術論としては、あまりお勧めできないという前提で、修繕部位の合理化について説明します。初めての大規模修繕ということで、外壁タイルの修繕や塗装、屋上等の防水、シーリングの打替え、鉄部の塗装、バルコニーや廊下の床工事といった項目が主なものと思われます。
　足場を架けて工事を行うのが一般的ですが、多額で設置したからに

は足場がなければ出来ない工事はこの期間中に全て実施するのが合理的です。足場を要せずに工事できる箇所については、後年いつでも出来ることから、先に送るという選択がよく行われます。

具体的には、廊下に面した壁や床、天井、シーリング等が先送りする工事に該当し、雨掛かり部分ではないことから、他の雨掛かり部分に比べれば、状態も良いはずです。

また、屋上防水工事については、全面の防水工事ではなく、部分的な補修で済ませる事も可能な場合があります。これは、劣化診断・調査の結果から判断することになりますが、14年経過していることから、今回の大規模修繕の施工範囲から除外することは避けた方が良いと思います。

91　修繕積立金の値上げについて

　数年後には大規模修繕の時期となりますが、修繕積立金の積立額（残額）が少なく、管理会社からは、元来、当マンションの修繕積立金は安すぎるとの指摘があります。そうであれば必要な値上げをしなくてはいけませんが、このご時世の中、反対の声が上がる事は目に見えています。名案はないでしょうか。

　ご質問のマンションが1995年以降のマンションであれば、購入時に長期修繕計画案と将来の修繕積立金の値上げ案を提示されているはずです。しかし、購入時には、大量の書類の山に紛れ、そのような書類があったということも、認識されていないというのが実情だと思います。現在でも、ほとんどの販売時の長期修繕計画案は、段階的に月額修繕積立金の値上げをしたり、大規模修繕時に一時金を徴収する内容になっているはずです。

　しかし、販売時の長期修繕計画案は、マンション販売会社により、精度にばらつきがあり、修繕積立金は将来の修繕に対する備えですので、国土交通省の標準様式に沿った長期修繕計画の作成をお勧めしま

す。

　長期修繕計画案を持っているマンションも持っていないマンションも、実態に沿って適切な長期修繕計画を策定し、それに基づいて積立金額を決める事が肝要になるのですが、国土交通省の「マンションの修繕積立金に関するガイドライン」では、一般的な額として、例えば築20年のファミリータイプの10階建て程度のマンションであれば、専有面積1㎡あたり200円は必要であるとしています。

　ここから、積立金の見直しに関わる組合員の合意形成へ向けての準備になります。まず、上記の長期修繕計画を示して、自分のマンションに合った資金計画を立てます。

　ご相談の内容から、現行の額では直近の大規模修繕で資金不足となりますので、適正額への修繕積立金への変更が急務です。

　実際には、段階的に値上げする案をいくつか用意して選択できるようにする事が重要です。また選択肢の中には、積立金の値上げではなく、一時金を徴収するという案を入れておくのも良いでしょう。多額の一時金を全員から集める事の困難さの認識が得られるかも知れません。

　このような資料の準備をし、理事会で変更の素案を一つに絞った上で、総会の議案に載せるわけですが、充分な理解をいただくことが重要であることから、総会のみの議論で決めるのでは無く、事前に説明会を開く等して、周知と意見聴取しておく事が必要と考えられます。

92　劣化診断・調査費用の使途について

　理事会では、大規模修繕へ向けての準備を進めるにあたり、まずは劣化診断を専門家に依頼する事を考えています。区分所有者に建設業界の人がいて、概略費用は承知していますが、その費用は、管理費会計の一般修繕費から捻出して良いものでしょうか。

　一般的には、計画修繕のための劣化診断・調査であれば、修繕積立

金の中から支出すべきものです。修繕積立金の支出には総会の決議を要する事が管理規約に定められている事が多いので、この場合には総会の議決が必要になります。

ただし、管理費会計に余剰がある場合等、管理規約にもよりますが、劣化診断・調査費用について、管理費会計から一般修繕費の項目で支払いが可能な場合もあります。管理組合の実情で異なる場合がありますので、管理会社の担当者を通して確認されるのが良いでしょう。

93 団地の場合の修繕積立金の使途について

先月、理事長に就任したばかりで、さっそく長期修繕計画に基づき、鉄部塗装工事の実施に向けて取りまとめをする事になりました。

住棟12棟と集会棟から成る団地型のマンションです。修繕積立金は、それぞれの棟毎と、団地共用とに区分会計がされています。

屋根付き駐輪場について、各棟の近くにそれぞれ配置されているので、塗装工事の費用は、各棟会計からそれぞれ出すべきとの意見と、団地共用から一括して出すべきとの意見があり、迷っています。どうしたら良いでしょうか。

質問のマンションは、団地管理組合として、団地修繕積立金と各棟修繕積立金を良好に区分経理されていると推察いたします。

修繕等の修繕積立金を団地修繕積立金か各棟修繕積立金か、どちらで支出するかは、管理組合の団地管理規約に定められた「共用部分の範囲」に従うことになります。「共用部分の範囲」には、「棟の共用部分」「団地の共用部分」の範囲が特定されています。

次に管理規約に定めが無い場合に、どのように考えるかですが、国土交通省のマンション標準管理規約（団地型）では、自転車置き場は、「別表第1　対象物件の表示」で、付属施設として記載されていま

す。また、「別表第2 共用部分の範囲」で「2 団地共用部分」は、管理事務所、集会所、管理用倉庫等「団地内の附属施設たる建物」と記載されています。

すなわち、配置や構造にもよりますが、一般的には駐輪場が独立して存在する場合、団地共用部分として扱う例が多いようです。

しかし、各棟の建物と一体となった構造のような場合は、棟毎の区分とした方が合理的と思われます。

各戸が同一の専有面積で、専有面積割合に応じて団地修繕積立金、各棟修繕積立金を支出しているのであれば、いずれの区分にしても、各人、各棟による損得はないはずです。

94 大規模修繕実施のための総会決議の時期について

大規模修繕の実施について、承認決議を得る総会の時期はどのように考えたら良いでしょうか。

責任施工方式の場合には、工事項目、工事金額、工事会社の3点が決まった段階で、着工の数週間前に行う工事説明会を眼中に入れながら判断します。

設計監理方式の場合も基本的には同じですが、工事項目、工事金額予算、工事会社選定方法の3点について承認決議し、具体的な施工会社名については決定後に報告するという選択も条件次第ではあり得ます。

例えば、9月着工（秋工事）で通常総会が5月末という場合、5月時点では工事仕様と予算金額は出ているが工事会社は6、7月で決める予定といった中で、5月に通常総会、7月に臨時総会という煩雑を避けられる利点があります。

95　大規模修繕の実施時期の考え方について

　私は築11年目となるマンションの最上階に住んでいます。雨漏れもなく、外壁のタイルが剥がれているわけでないのに、理事会では、来年に1億円もかけて大規模修繕をするといっています。
　私が生まれ育った長野の実家は、築80年を超えますが、大規模修繕等行った記憶がありません。
　この大規模修繕等は無駄のように思えるのですが。

　日本の伝統的家屋は、その気候・風土に合うように工夫してつくられており、維持保全してくれる御用大工さんの存在がありました。あなたの長野の実家も、記憶にはないかも知れませんが、しっかりとした維持保全を行ってきた結果として、築80年を迎えていると思います。
　現代のマンションでも同じような維持保全が大切なのは言うまでもありません。特に、マンションは区分所有という所有形態である以上、建替えが困難であり、長寿命化を目指さなければなりません。
　マンションの長期修繕計画では、予防保全という概念で作成されており、いわば、極端に劣化が進む前に対処するという考え方です。雨漏れが生じてからとか、壊れてしまってからとかの場当たり的な修繕ではなく、建物のライフサイクルを見るなかで、予防も含めた計画修繕を合理的に実施することで、長期の視点では経済的な建物保全を実現することが出来ます。
　まずは、長期修繕計画を作成し、数年に一度見直しをして、実施すべき修繕を検討することが必要です。マンションは、修繕積立金を集め、計画的修繕を実施する事で、建物を快適・安全に長期保全できるものです。
　特に鉄筋コンクリート造のマンションの外壁には、無数のひび割れやピンホール等があり、放置するとこれらが拡大し、雨水の侵入や内部鉄筋の腐食等を生じるおそれがあります。また屋上の防水には、石油系の素材が用いられ、雨風や紫外線により劣化します。
　一般的には、足場を架けての大規模修繕は、12年くらい毎に実施す

る場合が多いようです。

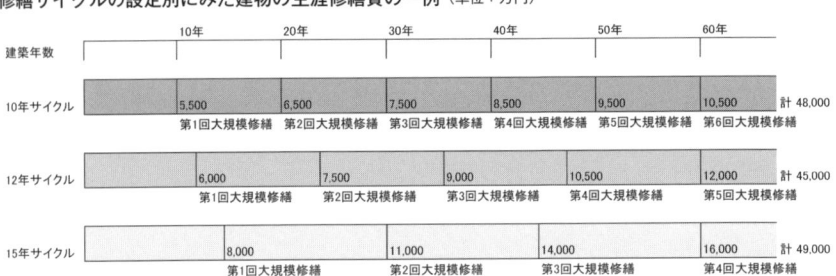

修繕サイクルの設定別にみた建物の生涯修繕費の一例（単位：万円）

建築年数	10年	20年	30年	40年	50年	60年	
10年サイクル	5,500	6,500	7,500	8,500	9,500	10,500	計 48,000
	第1回大規模修繕	第2回大規模修繕	第3回大規模修繕	第4回大規模修繕	第5回大規模修繕	第6回大規模修繕	
12年サイクル	6,000	7,500	9,000	10,500	12,000		計 45,000
	第1回大規模修繕	第2回大規模修繕	第3回大規模修繕	第4回大規模修繕	第5回大規模修繕		
15年サイクル		8,000	11,000	14,000	16,000		計 49,000
		第1回大規模修繕	第2回大規模修繕	第3回大規模修繕	第4回大規模修繕		

96 調査アンケートについて

　大規模修繕へ向けて、建物調査を実施するに先立ち、直接見ることが出来ないバルコニーや専有まわりの状態を伺うべく、アンケート調査を実施する事になりました。対象は区分所有者とするか、賃借人を含めた居住者とするか、迷っています。当マンションの賃貸率は２割ほどです。

　修繕積立金の使われ方に対する御意見伺いといった主旨でない限り、居住者を対象とするのが一般的です。専用使用部分の状況の確認という意味から、現に住んでいる人が最適で、賃借人も含むと考えるべきです。

　ただ、アンケートの設問にもよりますが、共用部分に対する御意見や改善点等に及ぶとすれば、区分所有者としての希望や意見も当然あり得ますので、外部の区分所有者にも送付した方が良いでしょう。

　つまり、貴マンションの場合、居住者に加えて、２割ほどの外部区分所有者をも対象とするべきです。１住戸に２通のアンケートが戻ってくることになりますが、賃借人からの回答は現状をよく把握している人の回答として扱い、外部区分所有者からの回答は所有者としての意見として扱い、両方を合わせて１通とします。

97　劣化診断・調査の必要性について

　２回目の大規模修繕を控えて、私たち理事会では、前回の経験もあって、どのような工事をするのかだいたいのイメージは持っています。
　ところが、管理会社のフロント社員が専門家に劣化診断・調査を依頼しましょうと熱心に勧めます。本当に必要があるのでしょうか。

　２回目の大規模修繕ということで、劣化した部分の修繕が主なものになると思いますが、経年を経て陳腐化した部分や改善を要する部分等があれば、この際に改良を検討したほうが良いかも知れません。
　劣化診断・調査については、工事を伴わない専門家による第三者的視点から判断を得る方が、信頼性が高いと思われます。
　また、改良改善については、居住者にアンケート調査を行う事で、意見の吸上げが可能で、特に多くの区分所有者が指摘や希望している項目があれば、優先して検討する必要があるでしょう。
　フロント社員の提案の意味は、専門家に劣化診断・調査してもらうことにより、客観的な判断がなされ、さらに合意形成に必要な比較検討資料のレベルアップを図れるということではないかと思います。
　理事会の独りよがりではなく、客観性を持たせる事の重要性と、合意形成に必要な、比較検討資料等、専門家を入れることで、レベルアップを図れるとの提言ではないかと推測します。

98　塗膜付着力試験について

　劣化診断・調査の中に、塗膜付着力試験という項目が入っています。この目的は何でしょうか？　また、塗膜付着力試験の結果で改修工事の内容が変わってくるのでしょうか。

塗装等の外壁仕上げ材は、建物の躯体を保護し、美観を保つ役割を持っています。しかし、常に外気に曝され、風雨等の影響を受けているため、躯体よりも耐用年数が短く、改修工事毎に塗装を行うことになります。

そこで塗膜の付着力を調査する事で、既存塗膜の上から再度塗装を行えるか、全面剥離をする必要があるのかの判断ができます。塗膜の付着力試験結果が標準の付着力強度に満たない場合には、旧塗膜を全面的に剥がす必要が生じます。

99 赤外線調査について

築11年になるマンションに住んでいます。コンサルティング会社に赤外線での調査を勧められたのですが、行った方が良いのでしょうか。また、どの程度信頼のできるものなのでしょうか。

特殊建築物等の定期報告制度の法改正や建築物の外壁修繕計画に伴う事前調査等外壁の全面調査を必要とする機会が増えてきました。

タイルやモルタル下地外壁の浮き部を調査するには、足場を架けて打診棒等で壁面を打診し、その打音の高低等で浮き部の有無を調査する打診法や、また、赤外線カメラを用いて調査する赤外線装置法があります。

打診法の場合、一つひとつの部位を確認するため、調査結果が正確であり一般的に用いられている方法です。

赤外線装置法の場合は、温度差を利用するために、外部と室内とを仕切る壁（外壁）には有効ですが、マンション特有のバルコニーや廊下の腰壁等、外部同志の壁では、正しい結果が出ません。また、解像度の問題、撮影角度の制約等の問題があり、条件が整った限られた場合にのみ有効というのが実情です。

100　下地補修工事の実費精算について

　コンサルタント会社を入れて劣化診断・調査を終え、大規模修繕へ向けてプロジェクトを進めています。外壁の補修工事に関して、工事開始後に補修数量の実数を精算するので、工事代金の変動が生じ得るそうです。これは調査の怠慢ではないでしょうか。

　大規模修繕へ向けた劣化診断・調査に於いて、正確な下地補修数量を算出しようとすれば、全体に足場を架ける等の工事を要し、コスト高となります。また数ヶ月後には工事が始まって再び同じ足場が架かる事を考えると合理的ではありません。
　必要に応じて部分的にゴンドラ等を使って調査する事もありますが、多くの場合、サンプリング調査といって、手の届く範囲や一部のバルコニーに入っての部分調査により、劣化の傾向を把握し、サンプルから全体数量を推測するという事が行われます。
　実際に工事が始まると足場が架かり、この時点で全面調査をして、補修対象箇所を特定し、正確な数量と費用が出されます。これを実費精算方式といい、現在一般的に行われている方法です。
　昔は、請負とは請けたほうが負けと書くのだとか言って、追加金は一切無しといった乱暴な発注をする人もいたようですが、調査したわけでもない工事業者が数量に責任を持つというのは理不尽な事ですし、実際に修繕した箇所に応じた代金がもらえないとなれば、不具合箇所を隠してしまう事にもなりかねません。これは発注者である管理組合の利益にならない事から、現在は、実費精算方式が主流となっています。

101　劣化診断・調査による仕様書案での工事会社選定について

　理事会では、２回目の大規模修繕の実施を決めており、委託した調査会社から仕様書が出来上がってきました。工事会社の選定

は、前回大規模修繕を施工した会社、管理会社が推薦する会社、そして最近熱心に営業に来る会社の3社の見積り合せとする事になりました。

　見積りが各社から出された後、総会を予定していますが、3社の結果を並べて、投票によって決めたら良いのでしょうか。

　この質問では、調査会社が作成した仕様書が出来上がったとのことですが、これは、調査会社に劣化診断・調査とともに仕様書案とそれに伴う数量積算の基本計画案作成までを管理組合が依頼したと解釈できます。

　この基本計画案は、劣化診断・調査に基づく修繕項目のみの仕様書案とそれに伴う数量ということになります。第1回目の大規模修繕で、改良工事等が必要ない場合には有効な方法と考えられますが、第2回目以降の大規模修繕であれば、時代の要請やバリアフリー等の改良工事も視野に入るので、建築設計事務所等の建築士による専門的な設計を計画案に盛り込む等、時代や区分所有者の要求を反映することが重要です。つまり、学なる劣化修繕だけで終わらせるのではなく、改良も含めた総合的なバリューアップを図るべく、もう一考するプロセスが望まれるところですが、ご質問の状況のまま進められるとすれば、原則として、総会の場で、3社の中から投票をするのではなく、理事会が事前に選定をして、総会で議案として、区分所有者の承認を受けるというものです。

　したがって、この場合、最安値の会社がベストかどうか判りませんが、第2回目の大規模修繕であれば、改良工事の提案の内容、金額の妥当性、会社の実績・信頼性等を総合的に判断して、理事会で選定した会社を工事発注先とすることについて、その経緯、理由等を説明した上で、是非を総会で諮るという事になります。

102 足場の選択について

大規模修繕を計画していますが、足場の費用がばかになりません。どのような種類があり、どのように選択すべきでしょうか。

足場といえば新築の工事現場を連想しますが、マンションでも大規模修繕時には「工事現場」となるため、足場か足場に代わる設備が必要になります。

足場には、枠組足場、くさび緊結式足場などの一般的なもの、上から吊り下げるゴンドラ、ゴンドラの中には、上下に動くタイプと上下左右に動かすことができるタイプがあります。また、マスト（上下のレール）を取付け、それに作業床を取付け、作業床が上下に可動する昇降式足場があります。

枠組足場やくさび緊結式足場などの一般的な足場では、バルコニー面などに養生シートや仮設足場が設置され、居住者はこの中で数ヶ月間生活をしなくてはなりません。そのため、「景観」「光」「通風」「洗濯物」「プライバシー」「防犯」などの問題でストレスの要因になっていました。これらを解決するのが、ゴンドラや昇降式足場ですが、コスト高になりがちであることや作業効率が低下するなど、いろいろな特徴があります。

建設業における死亡労働災害の原因の一位は転落です。この転落は足場からのものが多いことが現実ですので、安全第一は言うまでもありません。

足場比較表　《凡例：○良い、△普通、×悪い》

		枠組足場（※4）	くさび緊結式足場（※3）	ゴンドラ（※5）上下タイプ	ゴンドラ（※5）上下左右タイプ	昇降式足場（※5）
工期	設置	×	×	○	○	○
	作業	○	○	×	×	△
作業性		○	○	×	△	△
居住性		×	×	△	△	○
防犯性		×	×	△	△	△
品質管理		○	○	×	△	△
設置コスト（※1）		△	△	○	○	×
トータルコスト（※2）		○	○	△	△	△

※1：建物の形状や工事内容、工期により、各足場の設置コストは、大きな増減が発生します。
※2：建物の形状や工事内容、工期により、各足場の設置コストは、大きな増減が発生します。また、ゴンドラや昇降式足場の場合、一度に修繕できる箇所が限られてしまうため、枠組やくさび緊結式足場よりも工期が延び、費用が増えてしまう可能性もあります。
※3：くさび緊結式足場は、原則高さ31m以下に限定されています。
※4：枠組足場は、原則高さ45m以下に限定されています。
※5：ゴンドラや昇降式足場は、超高層マンションでは良く使用されます。

103 大規模修繕工事の一人乗りゴンドラ使用について

最近テレビ番組の中で、大規模修繕工事に際して、足場を架けないで、ビルの窓拭きブランコのような吊り道具を使う事で、コスト削減を図る例が紹介されていました。私のマンションでも検討は有効でしょうか。

　修繕工事の内容にもよりますが、大規模修繕工事は、外壁であればモルタルやタイルの浮きやひび割れ等の下地補修を行った上で、工事監理者等の検査を受けて、塗装の工程に進みます。
　例えば、固定できない一人乗り用ゴンドラを使用して、下地補修の段階等で、ドリル等の電動工具を使用する作業等が良好にできるかどうかの確認が必要です。
　また、工事監理者等の検査等の対応も不可能です。このため、大規模修繕工事ではなく、部分的で暫定的な緊急補修等には有効ですが、第三者による検査を実施しようと思っても、固定の足場が無いと実行が難しいという欠点もあり、本格的な大規模修繕工事での一人乗り用ゴンドラのみの使用は避けたいものです。

104 外壁の旧塗膜の剥離について

責任施工方式での大規模修繕工事が終盤となり、先日、理事が集まり、足場解体前の組合検査を行いました。
外壁が白い塗装仕上げなのですが、古い塗膜を剥がした部分と塗り重ねた部分の凹凸が目立ち、とてもこれで仕上がったとして認められないとの意見が複数ありました。
業者に手直しするよう求めましたが、古い建物だからこんなものですと言って手直しは出来ないと言われました。あきらめざるを得ないのでしょうか。

責任施工方式であっても、管理組合と施工会社が合意した設計図書に基づいて施工を行わなければなりません。曖昧な工事請負契約で発注することは、後々のトラブルのもとです。
　その設計図書の仕様が旧塗膜の全面剥離となっていれば、施工会社の契約不履行と考えられ、管理組合は手直しを求めることができます。
　次に、設計図書の仕様が全面剥離では無く、脆弱部のみの剥離であった場合に、下地の肌合わせについて、どの程度見込んでいるかによって、求めるべき仕上げ状態が違ってきます。
　このあたりは、古い建物の塗装工事で一番問題を生じやすい点であり、いわば最初から見解の相違が予想出来たものであり、施工会社の設計担当者は、設計仕様の仕上がりの状態について、事前に充分な説明をするべきであったと思われます。
　管理組合は、新築時に近い状態をイメージしたとも考えられ、施工会社は充分な肌合わせの調整を実施しない限り、下地の悪さは、避けられないことが判っていたはずです。
　したがって仕様書通りの仕上がり具合であるとしても、上塗りをする前の下地施工が終わった段階で、試験塗りを実施して、仕上がり具合の確認と承認を取るのが、施工会社の義務であると考えられます。このプロセスが省かれたとすれば、施工会社の非もあるわけですので、手直しを要求されてはいかがでしょうか。

105 塗料の種類と選び方について

　外壁の塗装には種類がたくさんあり、どこにどの塗料を使えばいいのかわかりせん。また、グレードも様々あるようですが、何かご教示下さい。

　塗料の材料には、塗布する場所に応じて様々な種類があります。
　例えば外壁に使用される材料には、防水性と耐候性の高い塗料が求められ、上裏（天井）等に使用される材料には、通気性の良い塗料が

求められます。

　それは、外壁は風雨から躯体を守る必要があり、上裏は万が一躯体内に入ってしまった水を逃がす役割があるからです。また、グレードについてもアクリル系・シリコン系・フッ素系等があり、場所や修繕周期に応じた仕様の選定が望まれます。

106　施工10年目以降の屋上防水の施工について

　来年で築11年を迎えるため、大規模修繕へ向けて、修繕委員会を立ち上げました。
　屋上のアスファルト露出防水について、10年目で保証が切れるため、再防水をするべきとの意見と、まだ雨漏れを生じていないので、もったいないとの意見に分かれています。どうしたら良いでしょうか。

　劣化診断・調査の結果にもよりますが、全面的な再防水工事が必要な場合と、部分的な補修でまかなえる場合があります。
　部分的な補修で済ませる場合でも、トップコート（保護のための表面塗装）を全面施工する事で、防水層本体の耐久性を向上できます。
　防水層の保全については、長期修繕計画にもよりますが、予防的保全という観点に立てば、現在はまだ大丈夫でも、向こう10年以内に雨漏れを一切生じさせないために、再防水工事を施工して、漏水の10年保証を継続させたいという考え方もあります。
　一方で対症療法的に考えれば、まだ保つものは最大限に保たせて、いよいよとなったら再防水工事するのが経済的だという選択もあります。
　劣化診断・調査結果を踏まえて、長期修繕計画を睨みながら、予算も含めて判断されたらいかがでしょうか。

107　バルコニーの床の仕上について

　築23年のマンションです。大規模修繕に際して、バルコニーの床の仕様をどうするか、委員会で議論がありました。
　現状は、コンクリート床にモルタル仕上げですが、ウレタン塗膜防水の案と塩ビシート複合防水の案が業者より提案されています。
　ウレタン塗膜防水や塩ビシート複合防水は、現状に比べるとグレードアップとなる事から、贅沢との意見もあります。どのように考えたら良いでしょうか。

　20年くらい前のマンションは、バルコニーの床に防水性能を持たせていないケースが多かったものです。バルコニーは風雨が吹き込む場所ですから、床に防水性能があっても、吹き込む雨水によって、濡れることが避けられないという現実があります。
　コンクリートの躯体へ雨水が浸入するとコンクリート内部の鉄筋が腐食してコンクリートの耐久性が劣化することから、雨水の浸入をさせないようにバルコニーの床にも防水機能を持たせようという考え方が主流になりつつあります。そのような意味からも新築時に比べるとグレードアップとも言えますが防水性能を持たせることが望まれます。

108　ルーフバルコニーの防水仕様について

　築10年になる8階建てのマンションで、北側の6階から上層がセットバックして、ルーフテラスとなっています。ルーフテラスの床は、アスファルト本防水の上に断熱材が敷かれ、その上に押えコンクリートが打たれています。
　ところが、仕様書では、ウレタン塗膜防水となっています。これで良いのでしょうか。

　ルーフバルコニーの場合、防水の不具合は直下階の住戸に影響を及

ぼすので、建物全体の保全を考えた場合には重要な課題です。

しかし、築10年ほどで、北側にセットバックし、アスファルト本防水に押えコンクリートで保護されたルーフに於いて、再防水工事を必要とするほど、本防水が劣化しているかどうか、慎重に確認し議論する必要があると思われます。

劣化診断・調査により判断することになりますが、一般的には、この原仕様のルーフバルコニーの場合は、10年保証といっても、20年位の耐用年数があり、何かあっても部分的な補修で済む事が多いものです。

雨漏れが止まらず、しかも漏水箇所の特定も困難という場合、最後の手段で、押えコンクリートの上からウレタン塗膜防水をかける（ウレタン防水通気緩衝工法）ということになります。

この場合、仕上がりの風合いに好みがあり、また保護のために床面の使用に制限が生じたりします。

もちろん、原仕様と同じに復元する修繕も可能ですが、コンクリートの撤去に騒音・振動が伴い、発生材の搬出処分に費用も掛かる事から、生活しながら行うマンションの大規模修繕では、あまり採用されません。

109 防水工事の防水保証について

私のマンションは、築23年になりますが、今回、屋上の防水工事を計画しています。複数の防水業者から見積りを取りました。ウレタン塗膜防水の保証について、各社によって、5年であったり、10年であったりしています。発注者としては保証は長い方が良いわけですが、10年が標準と考えて良いのでしょうか。

ウレタン塗膜防水の保証期間は、トップコート（保護塗装）のグレードにより異なります。主にウレタン塗膜防水のトップコートの種類として、「アクリルウレタントップ」と「フッ素トップ」があ

ります。「アクリルウレタントップ」の場合、保証は5年間となり、「フッ素トップ」の場合は、保証が10年間となります。したがって、「アクリルウレタントップ」よりも「フッ素トップ」は高額になります。また、「アクリルウレタントップ」の場合は、5年間の間に数回トップコート（保護塗装）の塗替えがメーカーより推奨されています。

　特定のメーカーでは、「シリコントップ」にて10年保証が出ます。
　また、その他の防水材の保証一覧を下記に示します。

防水工事保証期間

防水種類		保証年数
ウレタン塗膜防水	アクリルウレタントップ	5 年
	フッ素トップ（シリコントップ）	10 年
塩ビシート複合防水		5 年
改質アスファルトシート防水		10 年
アスファルトシングル葺き被せ工法		10 年
シート防水（機械式固定等）		10 年

110　シーリング材の更新について

　大規模修繕の内容を検討しているところですが、予算が不足するので、工事項目の削減を検討しています。
　劣化診断・調査報告書によれば、シーリング材の引っ張り試験の結果の数値が良好ということでした。
　したがって、シーリング材の打替え工事を除外しようと思っていますが、いかがでしょうか。

　シーリング材は、実際のシーリング材のサンプルを採取し、ダンベル試験という方法で測定した数値で、劣化度を判断します。
　この数値は、弾性が保たれているかどうかの指標となるのですが、この数値が良好であっても、次回の大規模修繕まで性能が維持できる

かどうか疑問が残ります。今後数年で外壁等の取合い部材との乖離が生じる恐れがあります。

シーリング工事の部位が多いという特徴も勘案し、大規模修繕工事が12年程度ごとに実施する工事であることを考えれば、この際に打替えを実施するのが望ましいと考えられます。

111 玄関ドアの室内側の塗装について

玄関ドアについて、室内側の仕上げは専有部分なので、修繕積立金を使って行う大規模修繕の対象ではないと、専門家から聞きました。

しかし、私のマンションの修繕委員会では、予算的にも問題ないので、玄関ドアの室内側専有部の塗装を一緒に施工したいとの意見が多勢です。塗装しても良いでしょうか。

原則は、修繕積立金は共用部分の修繕に使うものですが、管理組合規約に特段の定めが無い限り、総会決議により、修繕積立金を使って玄関ドアの室内側の塗装を施工範囲に組み込むことは可能です。

大規模修繕の決議を図る総会の中で、施工範囲と金額の承認を取った上で、実行されてはいかがでしょうか。

112 階段の手摺の設置について

バリアフリーという事が良く言われ、私のマンションでも、大規模修繕に併せて、段差解消等の改善を盛り込もうという話が出ています。

館内の有識者によると、建築基準法では、階段には手摺を設ける事が義務付けられているそうですが、当マンションの階段には、一部の腰壁が手摺と言えないこともないですが、連続する手

摺はありません。

　手摺を全ての階段に取り付けるべきでしょうか。また現在の幅員は法規ぎりぎりの90センチなので、手摺を付けた場合、規定より狭くなってしまいます。

　建築基準法は改正が繰り返され、現行の建築基準法に適用されていない建物を既存不適格建築物といいます。
　建築基準法は、過去に遡及しない（法の規定が出来た際、既にある建物には適用しない）為に、現行法に合わせた工事をしなければならないという義務はありません。
　あなたのマンションは、建築基準法改正前に建てられたものと思われますので、階段に手摺がない点だけを見ても、既存不適格建築物となります。既存不適格建築物は、将来増改築等を行う際に、不適格部分について、その時点の建築基準法に適合するよう手直しが求められますが、ただ使い続ける事には、差し支えありません。
　一方、階段は、日常的には低層部の人が使うだけであっても、有事には避難階段として重要な機能を果たすわけですので、安全を考えて、手摺の取付けを検討されるのが望ましいと思われます。
　足場がなくても出来る工事ですので、大規模修繕で予算的に無理があれば、数年後に単独で工事する事も可能です。
　また、階段の幅員については、現在の建築基準法では、手摺の壁からの寸法が10センチ未満であれば、有効幅員から減じない定めとなっていますので、一般既製品であれば問題なく設置することができます。

113　大規模修繕の建築確認申請の有無について

　現在、私のマンションでは、一回目の大規模修繕工事が始まりましたが、建築基準法による確認済の看板が見あたりません。監理者に尋ねたところ、建築確認等は必要ないと言われました。
　建築基準法第6条によると、大規模な修繕もしくは「大規模な

模様替え」を行うときには、建築確認申請を要することになっています。本当に必要がないのでしょうか。

　建築確認を必要とする「大規模な修繕もしくは模様替え」とは、建築基準法第2条によれば、主要構造部（屋根、外壁、床等）のいずれかについて過半（2分の1以上）の修繕もしくは模様替えをする場合です。
　鉄筋コンクリート造のマンションにおいて、屋根を構成する要素としては、陸屋根の場合、梁、コンクリート床版、断熱材、防水層、保護材等がありますが、表層にある保護材や防水層のみを貼り替える程度の工事はこれに該当しません。
　外壁を構成する要素としては、コンクリート壁、タイルもしくはモルタルに塗装等がありますが、単にタイルや塗装等仕上げ材の更新はこれに該当しません。
　つまり、一般的な計画修繕で行われる、大規模修繕と称される工事は、建築基準法に定める大規模な修繕や模様替えには該当しないというのが正解です。

114　施工会社の選定について

　当マンションでは、理事の中に建築士がいて、修繕委員会を組織し、大規模修繕へ向けた準備を進めています。仕様書も出来上がり、業者選定に入るところですが、5社ほどから見積りを取ろうという事になりました。どのようにして見積り業者を集めたらよいでしょうか。
　なお、過去の修繕工事を巡り、理事の1人と工事業者との癒着があり、理事達は個人的に業者を推薦しない事になっています。

　プロジェクトの公開性と透明性を確保しようとする場合、公募という選択が行われます。

区分所有者から推薦を募るという方法もありますが、貴マンションでは、過去に不適切な事例もあったという事ですので、一般公募が望ましいと思われます。業界新聞は無償で掲載してくれるものもあり、またインターネットを使う方法もあります。

115 施工会社の選定について

　大規模修繕の施工会社の募集を行ったところ、20社の応募がありました。理事会で、良いと判断した5社を一次選考し、入札を行いました。見積りの中身をチェックして、各社の項目差や数量差がなければ、最安値の会社に決定する考えで良いのでしょうか。

　図面と仕様書によって発注する場合と、官庁のように内訳書によって発注する場合とがあります。各社自由な数量内訳書による場合には、数量や項目が相違している事もあるので、同じ土俵での見積りであるかどうかの確認が必要ですが、ここでは相違はない前提で回答します。
　この場合、一次選考によって、発注先としてのリスクの少ない会社が既に選ばれていると考えれば、よほどの欠格事由が無い限り、最安値の会社を選ぶのが原則です。しかし、単価が適正範囲にあることが前提です。
　安いことは良い事といっても、まともな工事が出来ないほど安すぎては、品質の確保が困難です。また、総額は同じでも、内訳が異なり、工事の品質やグレードに関わる項目が安価で、仮設工事等、工事をするには必要とは言え工事が終われば何も残らないような項目が高いという例もあります。これはあまり評価出来ません。
　そして、その会社のことを良く承知している場合はともかく、多くの方にとっては、初めて聞く会社である場合がほとんどで、判断する前に面談をする必要があると思います。会社は優秀でも、現場代理人（監督）予定者はそうでない場合もありますので、ここで2次選考とし

て、2、3社を選び、ヒアリングを実施した上で選定するのが良いでしょう。

このヒアリングには、見積り金額について責任ある回答が出来る責任者と、現場代理人（監督）予定者との出席を求める事が一般的です。

116 大規模修繕の施工業者選定について

大規模修繕の施工業者選定に於いて、一次選考で充分に実績もあって信頼の於ける３社を選び、入札を行なった結果、最安値は工事会社Bで、２番値が管理会社でした。修繕委員の一人から、僅差であれば、管理会社の方が将来の瑕疵等の対応を受けやすいから、２番値であってもこちらを選んだ方がよいのでは、との意見が出ました。どのように考えたらよいのでしょうか。

以前は、マンション委託管理契約を自動更新することができましたが、現在は、マンション管理適正化法上、自動更新ができません。契約を更新しようとする場合、国土交通省のマンション標準管理委託契約では「本契約の有効期間が満了する日の３ヶ月前までに、その相手方に対し、書面をもって、その旨を申し出るものとする」としています。また、管理組合が管理会社と締結するマンション管理委託契約の有効期間は、委託契約書に定められています。１年とすることが多いようですが、その期間に制限がありませんので、例えば５年間とすることも可能です。

このように、未来永劫同じ管理会社に管理組合がマンション管理業務を委託するという前提での契約ではなくなりました。これは、管理組合からみれば、管理会社の業務内容に不備があれば変更も視野に入れることになり、「管理組合にとって不平等な契約」が存在しなくなったことを意味しています。

これらのことを前提に、質問内容を考えてみます。現在の管理会社が大規模修繕工事の元請会社となった場合には、工事クレーム等から

管理会社が逃げる姿勢に、管理組合としては、管理会社変更に向かい、かつ、元請責任を問うということになります。この点では、管理組合とすれば強い立場に立つことができます。

　しかし、管理会社が本来の意味で建設会社としての能力を持っているのかを確認する必要があります。下請工事会社に丸投げし、元請工事金額との差額を利益とするだけの管理会社であれば、工事品質についても問題が残ります。本当の意味で管理会社が元請となれる実力があるのかの見極めが必要です。

　また、工事会社と管理会社でのアフターサービスの差は、あまり考慮する必要はないと思います。むしろ、管理会社を工事後に変更した場合の対応を確認し、その場合でも契約通りのアフターサービス体制を維持できる管理会社であれば、工事を任せても良いかもしれません。

　価格開示方式では、管理会社にリスクヘッジを担当させ、オープンブック方式で何もかも開示する手法を採用しています。このような手法の取れる管理会社であれば、選定しても良いかもしれません。

　最後に、質問内容の例では、一次選考に於いて工事発注先としての信頼性の検証の済んだ３社を選ばれたという事実があるのであれば、よほどの理由が無い限り、１番札を選択するのが筋と考えるのが一般的と思われます。

117　大規模修繕の施工会社の保証について

**　大規模修繕で、聞いたこともない施工会社が施工を行う予定であり、きちっと工事が行われるか心配です。なにか問題が発生した場合にどのような保証があるのでしょうか。**

　大規模修繕の施工会社は、一般的には総会決議で議決により決定をします。場合によっては、理事会一任を議決して、理事会の議決で決定する場合もあります。どちらにしても、表面上は、多数決の論理で決定された形になっています。しかし、リゾートマンション等管理組

合があまり機能していない場合では、総会の出席者が少ないのに、委任状の数が多く、一部の人の判断がすべてを決する状態も少なくありません。このようなマンションでは、工事が始まって施工会社の名前が判ったということも珍しくないのが実情です。このようになってしまっては救いようがないのですが、問題が発生した場合の保証には以下のようなものがあります。

①瑕疵担保責任
　Q82参照
②請負契約によるアフターサービス特約
　Q83参照
③工事完成保証
　工事完成保証とは、工事の着工時から引渡しまでの間に、万が一、施工会社が工事を完遂出来ない状況に陥った場合、完成保証を行う会社や団体が工事を完成させる保証のことです。施工会社選定時に完成保証会社を求めるのか、求めないのか議論の分かれるところです。かつて公共工事では、完成保証会社を求めることは談合の温床になるとして廃止になり、保険に切り替わりました。大規模修繕でもいろいろな団体が「マンション大規模修繕工事完成保証制度」を立ち上げています。
④瑕疵保険
　マンションの大規模修繕工事の瑕疵担保責任保険は、住宅瑕疵担保履行法をはじめとした住宅瑕疵に係る消費者保護の政策の一環として、平成22年から国土交通大臣指定の住宅瑕疵担保責任保険法人により提供が開始されています。
⑤工事保険
　実際に工事会社が発生させた損害・被害については、工事請負契約書や工事仕様書等に工事保険加入を義務付ける記載がされることが多くあります。

118 バルコニーの私物の扱いについて

　大規模修繕工事のお知らせという通知があり、バルコニーで工事を行うので、私物を片付けるように言われています。
　私の専有部は狭いので、物置等でバルコニーはいっぱいです。工事を断れるものでしょうか。断れないとした場合、業者か管理組合にお願いできるでしょうか。

　バルコニーは、共用部分ですが、管理規約に基づいて専用使用しているものです。その専用使用の前提は、共用部分の管理に支障のない方法で使用するというものです。
　共用部分の計画修繕の障害となる私物については、専有者の負担で片付ける等の対応が必要です。片付け作業を管理組合が善意で手伝ってくれる場合もあるかも知れませんが、原則は個人で行うもので、修繕積立金を使うべきものではありません。
　自分で対応出来ない物は業者に費用を払って、作業してもらうのが、一般的なルールと言えます。

119 大規模修繕工事の仮設の電気、水道の提供について

　大規模修繕工事にあたり、仮設の電気、水道の提供について、施工会社に対して有償とするか無償とするかで理事会内で意見が割れています。通常は、どのように考えるべきでしょうか。

　工事中の仮設の電気、水道料金については、大規模修繕工事に使用するものですから、有償か無償かの議論は、空論としか言いようがありません。施工会社持ちであれば、工事中の仮設の電気、水道料金に経費を加えた額が計上されます。少なくとも経費分高くなると考えるべきで、管理組合から無償支給するのが一般的です。
　しかし、共用の電力に余裕がない場合や、仮設プレハブ事務所への

仮設電力引込みが必要な場合には、工事見積りの中に仮設電力費が計上されることがあります。
　水道についても基本的な考え方は電気と同一ですが、電力に比べて、仮設水道の引込みは、コスト高になりがちです。
　共用水栓より分岐させ、無償であれ、私設メーターを設けて有償とする場合であれ、原状復旧を条件に使用させることが通例です。

120　大規模修繕工事のアフターサービス検査について

　私のマンションの大規模修繕工事は、来月に竣工する予定です。1、2、5年と仕様毎にアフターサービス年数が異なり、竣工図書にアフターサービス検査と記載されているのですが、1、2、5年後のアフターサービス検査とは一体どういったことを行うものでしょうか。

　アフターサービスとは、施工会社が施工対象箇所について、一定の不具合や症状を呈した際に、アフターサービス期間であれば無償で補修を行うという契約です（項目によっては施工者と材料メーカーの連名で保証される場合もあります）。その各アフターサービスが切れる前に行う検査がアフターサービス検査です。例えば、外壁塗装で5年間のアフターサービスがある場合、その期間が切れる前に施工会社のアフターサービス担当者が検査をして、塗装の剥がれ等があれば無償で補修するというものです。この検査の際に、検査結果と手直しの報告書を管理組合に提出するというのが一般的です。

121　バルコニーから漏水の場合の品確法による瑕疵担保責任について

　来年で築10年を迎えるマンションで、販売主に対する瑕疵保証期間が10年で切れることもあり、早めに劣化診断・調査を実

施する予定です。
　ここ２、３年、直上階のバルコニーからと思われる水漏れのクレームがあり、理事長名で販売主に修補を求めたのですが、バルコニー床はモルタル仕上げであって、防水仕様ではないから、保証はないと言われました。
　そのようなものなのでしょうか。

　2000年４月から、分譲住宅会社等の住宅供給者が、新築住宅の「構造耐力上主要な部分」と「雨水の侵入を防止する部分」の瑕疵担保責任について最低10年間を義務付ける法律（品確法）が施行されました。この「雨水の侵入を防止する部分」とは、屋内への雨水の侵入と定められていますので、バルコニーや廊下の屋外の漏水については適用外です。しかし、バルコニーや廊下の漏水がアフターサービス特約に入っていれば、アフターサービスで対応してもらえますが、ご質問のマンションでは、防水仕様でないので当然そのようなアフターサービス項目はないと類推できます。
　時代により、建物仕様の考え方は変わるものですが、20年ほど前は、バルコニーに関して、雨水や床洗い水が直下階に漏れたとしても、そこは外部のバルコニーであり、雨風が吹き込む場所だから構わないという考え方が主流でした。その後、社会ストックや環境問題からも長期優良住宅といった概念が普及して、建物は、長く使う方向の価値観が理解されるようになりました。
　コンクリートの躯体に水を侵入させるとやがて中の鉄筋を錆びさせることになるので、バルコニーの床にも防水性能を持たせる方が良いとの考えが現在は定着しつつあり、多くのマンションでは、化粧塩化ビニルシート等が貼られています。
　あなたのマンションの建築時期からすると、防水仕様に切り替わる過渡期に当たるかも知れません。

122　バルコニーの区分所有者所有の人工芝の扱いについて

　大規模修繕工事が行われることになり、先日、工事説明会がありました。
　バルコニーの床の工事のため、私のバルコニーに貼ってある人工芝について、私の負担で撤去するように言われました。
　私が工事してくれと言った訳ではありません。この場合、その業者か管理組合が費用を負担すると共に、元通りに人工芝を貼ってくれるべきではないでしょうか。

　バルコニーは共用部分ですが、管理規約に基づき、各住戸の区分所有者が専用使用に使用しているものです。
　区分所有者は、建物の維持管理に支障のない範囲で使用する事が原則です。したがって、大規模修繕の際には、私物については、区分所有者の責任で一次的に撤去する必要があります。
　工事が終われば、区分所有者の負担で再び設置する事が可能ですが、管理組合規約上、許されているものであるかの確認が必要です。

123　大規模修繕工事と共に行う専有部分の工事受注について

　大規模修繕工事を受注した工事会社が、工事中に一区分所有者から専有部分の工事を依頼された場合、これを受注しても良いものでしょうか。
　また、良いとしたら、大規模修繕工事中にこの現場代理人または専任の監理技術者のいずれかを、この専有部分の工事担当者に出来るでしょうか。

　工事会社として、大規模修繕工事を管理組合と契約し、その工事中にマンションの区分所有者と専有部分の工事を契約する事は、原則としては自由です。

しかし、この専有部の工事を誰が担当するかという問題があります。

　建設業法上の専任の監理技術者を配置しなければならない規模の工事においては、この者は当然他の工事を担当することは出来ません。主任技術者が他の工事と兼任できる程度の小規模の工事の場合には、法律上は、専有部分の工事を兼任することは可能です。

　契約上、現場代理人を置き、その現場代理人に専任との縛りが掛かっていない場合については、その現場代理人は、専有部分の工事を兼任することは可能なように見えます。ここで注意して欲しいのは、現場代理人が専任の監理技術者を兼任していないかどうかといった点です。

　工事会社は、その担当者が専有部の工事に手間を取られて、本工事（大規模修繕工事）の管理に支障を生じるリスクを避ける為、その専有部の工事のためには他の担当者を用意すべきでしょう。また、管理組合としても、管理組合として契約する共用部の工事と、区分所有者という個人が契約する専有部の工事という、場合に拠っては工程において利益相反関係が発生する可能性があるものを同じ担当者が行うことの異を唱えるべきでしょう。

　以上の点を踏まえた上で、大規模修繕工事を管理組合から受注した工事会社は、仕様書や契約書に特別な定めのある場合を除き、大規模修繕工事中に本工事に支障のない範囲で、また、配置する担当者の問題を解決した上であれば、専有部分の工事を受注することが出来ると考えられます。そうであっても、工事会社は理事会や委員会等の定例打合せの時等に、その旨を報告する等の必要はあります。

　また大規模修繕工事中は、専有部の工事を制限する管理組合もありますので、その場合には、専有部工事について、契約はしても工期をずらす等の配慮は必要です。

124　共用部分の一部変更について

　私は反対したのですが、私のマンションでは、以前より駐輪場

が不足し、通路等にも自転車があふれており、私の専用庭の正面にあたる場所に駐輪場を増設する計画が持ち上がり、これに伴い臨時総会を開き、管理規約も変更するとのことです。

　区分所有法によりますと、共用部分や規約の変更に際して、一部の区分所有者の権利に特別の影響がある場合には、その者の同意が必要とされています。

　この計画が実行されますと、専用庭先の騒音や景観等、私が不利益を被る事は明らかです。私の同意なしに、実行出来るのでしょうか。

　専用庭先に駐輪場を増設することが、区分所有法31条1項後段の「一部の区分所有者の権利に特別の影響を及ぼすべき」場合に該当するかどうかついては、最高裁判所の判例による基準があります。

　「受忍すべき限度を超えると認められる場合をいう（最高裁平成8年（オ）第258号同10年10月30日第二小法廷判決・民集52巻7号1604頁参照）。」

　区分所有法が定める「権利に特別の影響」とは、物権（所有権や専有権等）や収益債権を有する場合等に、管理規約等の変更によって、その権利が消滅したり制限を受ける等の場合や、一部の区分所有者が受ける不利益がその受忍限度を超える場合を指しています。

　自転車があふれて駐輪場の増設が急務だという公益性と、個人的に静かな環境を求めたい気持ちや、眺望を確保したい気持ちといったものとの重さを比較するとき、管理組合として、おおかたの区分所有者の利益に立脚して、専用使用庭の近くとはいえ駐輪場を増設するという判断には合理性があるといえ、区分所有建物の生活における受忍すべき限度を超えているとも考え難いものです。したがって、共用部分である専用使用庭の使用者の同意なしに、一般的には総会の普通決議（2分の1）、増設規模や形状によっては特別決議（4分の3）により、この計画は実行できると考えられます。

　ただし、一部の区分所有者への環境的影響が懸念される場合には、当該専用庭と増設駐輪場との間に植樹帯を設ける等、可能な配慮をす

ると共に、説明会を総会前に開く等、充分な合意形成へ向けた準備が管理組合(理事会)に求められるでしょう。

10 設備について

Q125 マンション設備で劣化診断・調査が必要なものはなんでしょうか?

ANSWER
劣化診断・調査が必要な主な項目は、①給水設備　②排水設備　③ガス設備　④電気設備　⑤弱電設備　⑥空調換気設備　⑦搬送設備　⑧消防設備　⑨自家発電設備　その他設備　です。

マンションには多様な設備があり、法的検査やメンテナンス契約によって保全が行われている設備については、定期的に診断が実施されていると考えられます。

定期診断をされている設備は、一般的にメンテナンス契約が結ばれている設備（昇降機設備、防災設備、給水設備、浄化設備等）、供給者の責任範囲としてメンテナンスが行われる設備（電気設備、ガス設備のうち供給者部の資産範囲）は調査項目から除外できると考えられます。そのため、通常のメンテナンス以外に劣化診断・調査が必要な項目は下記の通りです。

①給水設備

　道路に埋められている水道本管から、蛇口等の吐水口までの経路を構成する配管や器具類全体を給水設備と呼びます。給水設備の劣化は、赤水・異臭・水漏れや水の出が悪いといった現象となって現れます。

　主な給水設備：給水引込管、受水槽、揚水ポンプ（給水ポンプユニット）、弁類、揚水管、高架水槽、給水管（主管・枝管）、水道メーター等。

②排水設備

　トイレ、洗面所、浴室やキッチンといった水を使用する場所から道路に埋められた下水本管までの経路を構成する配管や器具類全体を排水設備と呼びます。排水設備の劣化は、流れが悪い・逆流する・

臭気・漏水といった現象となって現れます。

　主な排水設備：下水本管・浄化槽・排水槽・排水枡・排水管・通気管等。

③ガス設備

　都市ガスやプロパンガスを使用する器具およびガス配管です。

　主なガス設備：ガス管、ガスメーター、ガス器具（ガスレンジ等）、ガス漏れ警報器等。

④電気設備

　敷地内に設置された電力会社の受変電設備から、各居住者のコンセントや照明器具まで電気を供給するための設備です。

　主な電気設備：引込ケーブル、変圧器、引込開閉器盤、電力量計、分電盤、照明器具、コンセント等。

⑤弱電設備

　テレビ共同受信設備等の主に60V以下の電圧で使用される電気設備です。

　主な弱電設備：テレビ共同受信設備（テレビアンテナ、配線等）、防犯設備（防犯カメラ等）、インターホン等。

※⑦搬送設備は、一般的にメンテナンス契約が結ばれている設備であり、⑧消防設備は、管理組合（事業主）の責任範囲としてメンテナンスが行われている設備です。

Q126 設備劣化診断・調査にはどういった項目があるのですか？

ANSWER 劣化診断・調査項目は、建物の仕様や経年といった条件により、一次診断から三次診断までの項目があります。

①アンケート調査：住居内設備の不具合発生状況や漏水履歴等の聞取りを行う調査（全戸調査が基本です）
②一次診断：劣化状況を目で見て確認する外観目視診断
③二次診断：管内部の錆の発生状況や閉塞状況を確認する内視鏡、CCD、超音波、X線診断
④三次診断：管の抜取りを行い、半割り内面酸洗い後肉厚測定を行うサンプリング（抜管）試験

Q127 設備（給水、排水、電気、機械等）の劣化にはどういったものがありますか？

ANSWER 給排水設備では、使用材料により錆や不純物等の劣化状況に差があり、電気設備では、絶縁動作不良等の劣化を生じてきます。

①給水設備：耐用年数、錆の発生による赤水の発生や通水障害、管穴開きによる漏水等があります。
②排水設備：耐用年数、錆の発生や堆積物による通水障害、管穴開きによる漏水等があります。
③電気設備：耐用年数、錆の発生、絶縁動作不良等があります。
④機械設備：耐用年数、錆の発生、駆動系・制御系の故障等があります。

Q128 給水方式（システム）には、どのような種類がありますか？

ANSWER　「重力給水方式」「加圧給水方式」「直結増圧給水方式」「高架水槽付増圧方式」「直結給水方式」等があります。

現状の給水方式の把握や地域毎に選択できる給水方式が異なるため、専門家と相談の上、計画を進めていく事が望まれます。

①重力給水方式：水道本管の水を敷地内の受水槽まで引き込み、受水槽に溜まった水を、揚水ポンプにより屋上に設置する高置水槽まで揚水し、高置水槽に溜まった水を重力にて各階各住居へ供給する給水システムです。

②加圧給水方式：水道本管の水を敷地内の受水槽まで引き込み、受水槽に溜まった水を加圧給水ポンプにより、適正給水圧力まで加圧して各階各住居へ供給する給水システムです。

③直結増圧給水方式：水道本管の水を敷地内の増圧給水ポンプまで引き込み、適正給水圧力まで増圧して、各階各住居へ供給する給水システムです。この方式は、水道本管から直接給水する方式で、受水槽や高置水槽を設置する必要がなく、現在行われている給水方式のシステムを変更する改修工事では採用事例が多くなりました。

④高置水槽付増圧給水方式：水道本管の水を敷地内の増圧給水ポンプまで引き込み、増圧ポンプにより、適正給水圧力まで増圧して屋上に設置する高架水槽まで揚水し、高置水槽に溜まった水を重力にて各階各住居へ供給する給水システムです。受水槽が不要であるため、重力給水方式からシステム変更する場合によく採用されています。

⑤直結給水方式：水道本管の給水圧力のみで各住居へ給水、基本は3階建てまでに採用ができます。但し、増圧猶予（将来増圧ポンプを設置する可能性があるシステム）を認可する地域では本管圧力が規定圧力以上であれば5階建て位まで給水が可能なケースもあります。

Q129 給水方式を変更した方が良いと言われましたが?

A ANSWER 変更のポイントはまず、住宅の特徴を生かす給水方式の選定が必要です。

直結増圧給水方式、高架水槽付増圧給水方式、直結給水方式等の採用に当たっては、水道本管の圧力等の制約がある為、各市町村の水道局との綿密な打合わせが必要となります。また、現在の給水方式から他の給水方式へ変更する場合は、給水圧力が変更になるため、専有部分の配管状況によっては、専有部分の既存配管が変更水圧に適応できるかの調査が必要で、住民への周知徹底と合意形成が必要となります。

Q130 給水管（給水設備）の修繕は、どのような方法がありますか?

A ANSWER 給水管等の劣化診断・調査を行い、更新等の判断を行います。

①更新（取替）工事
　（竣工後25～30年程度、更新時期は配管材質や使用環境により異なります）
②管内面ライニング工事
　（竣工後20～25年程度、同一業社の場合は保証10年の2回までが一般的です）

Q131 排水管の修繕は、どのような方法がありますか?

ANSWER

①更新(取替)工事
　(竣工後25～30年程度、更新時期は配管材質や使用環境により異なります)
②管内面ライニング工事
　(竣工後20～25年程度、ライニング時期は配管材質や使用環境により異なります)

Q132 床下コンクリートスラブ下の排水管は、専有部分なのですか?

ANSWER

床下コンクリートスラブ下の排水管は、共用部分として扱うべきとされています。

　2000年3月の最高裁判所で、「マンションの床スラブ下の配管は、該当住戸の支配管理下にあるとは言えないので、一体的な管理が必要になる」との判決がでました。この判決で、床スラブ下配管が共用部分であるということが確定しました。
　一般的に、マンションの排水管は専有部分の床下(床スラブの上)にあり、専有部分です。この排水管から漏水が発生した場合は、原則として、各戸の所有者により、修繕することになりますが、30年ほど以前のマンションでは、床スラブ下に配管がある場合があり、この場合は、共用部分として管理組合での対応が必要とされます。

Q133 浴室の修繕は、どのような方法がありますか？

A ANSWER 既設の仕様や状態により、改修ができる工法は、異なりますが、主に下記の様な現状からの改修が考えられます。

①在来工法（防水工法）から同工法へ
　(a) 浴室排水金物を交換せずに同等の防水層と仕上げタイルを新しくする方法
　(b) 浴室排水金物を交換して同等の防水層と仕上げタイルを新しくする方法
　(c) 浴室排水金物を交換せずにFRP防水工法を採用し仕上げを新しくする方法
　(d) 浴室排水金物を交換してFRP防水工法を採用し仕上げを新しくする方法
　※FRP防水工法の方が在来防水工法より工事日数が少なく済みます。

②在来工法（防水工法）からユニットバスへ
　浴室の仕上げ材、防水材、防水下地材を撤去して躯体コンクリートまでむき出しにして、ユニットバスに変更する方法
　※浴室排水金物を撤去せずに浴室排水を浴室排水金物に直接接続する方法は、2重トラップとなり排水障害を引き起こす原因となるので好ましくありません。
　※浴室排水金物を使用せずに下階の天井内にて既設浴室排水管に接続する方法が一番好ましい方法と言えますが、下階の浴室天井の解体復旧が必要になる等、下階居住者の協力が必要となります。
　※ユニットバスへの給水管、給湯管は将来劣化により交換が必要とならない配管材質を選定することが必要になります。（ユニットバスの解体が必要とならない為）

③ユニットバスからユニットバスへ
　既設ユニットバスを解体して、新しいユニットバスへ変更する方

法

※ユニットバスへの給水、給湯配管、排水管は、洗面所等の床下まで更新（取替）を行っておき将来給水管、給湯管、排水管の更新（取替）時期が来ても洗面所床下等にて接続できるようしておき、ユニットバスの解体が必要になる等の影響が出ない考慮が必要になります。

※ユニットバスの交換時に給水管、給湯管、排水管を将来に備えて新しくする場合は、下階の天井解体復旧等の必要になる等、下階居住者の協力が必要になります。

Q134 消防設備の修繕は、どのように考えたら良いのですか？

A ANSWER 建物の規模等によって設置する場所や消防設備の種類が決まっていますが、主な消防設備の種類は下記の通りです。

①屋内消火栓設備：ポンプ、制御盤、消火栓ボックス、配管等の修繕
②連結送水管設備（3階以上）：送水口、連結送水管ボックス、消防用補給水槽、配管等の修繕
③スプリンクラー設備（11階以上）：ポンプ、送水口、制御盤、アラーム弁、ヘッド、配管等の修繕
④泡消火設備：ポンプ、制御盤、薬剤、薬剤槽、ヘッド、感知器、配管等の修繕
⑤自動火災報知設備：受信機、制御盤、感知器等の修繕
⑥消火器：10年毎の交換

Q135 ガス設備の修繕は、必要ですか?

ANSWER 住宅へ供給されるガスの圧力は低圧の為、圧力による劣化は殆どないので修繕の必要性は極めて少ないと言えます。

但し、PS内等の湿気等による外部腐食劣化進行がある場合や、土間に埋設されている配管が、外面ライニングを施していない場合は、早急な修繕対応が必要です。

Q136 電気設備の修繕は、どのような種類がありますか?

ANSWER 電気設備の修繕は、受変電設備、幹線設備、電灯設備、弱電設備等の更新(取替)があります。

Q137 照明器具の修繕は、どのような方法がありますか?

ANSWER 照明器具の修繕は、照明器具、非常用照明器具のバッテリー等の更新(取替)があります。

現在は、省エネの観点からLED照明への修繕が注目されています。

Q138 防災設備の修繕は、どのような方法がありますか?

ANSWER 防災設備の修繕は、防災用の受信機、感知器、非常ベル等の更新（取替）があります。

Q139 エレベーターの修繕は、どのような方法がありますか?

ANSWER エレベーター設備は、劣化の速度の遅い本体系（骨格にあたる部分）と、25年程で更新を要する駆動系、制御系とに分かれます。

また、メンテナンスについては、エレベーター管理会社との間で、POG契約（部分メンテナンス契約）若しくは、FM契約（フルメンテナンス契約）が結ばれているのが通例で、POG契約の場合、部品交換等、その都度費用が生じますが、フルメンテナンス契約の場合には、通常、消耗部品の交換費用もこの中に含まれます。

したがって、エレベーターの更新という場合、通常は25年程度で行う事が多く、更新するのは駆動系（モーター及び巻上げ機）と制御系（制御盤及びボタン類）とになります。

また、油圧式やリニア式、ロープ式、ロープ式の機械室のないタイプに変更するというようなケースもあり、この場合は、エレベーター本体の更新となるため、建築確認申請（昇降機の申請）が必要になります。

Q140 機械式駐車場の修繕は、どのような方法がありますか?

ANSWER 　機械式駐車場の修繕は、本体の更新（取替）（25年程度）を行います。
　また、本体塗装は、6～7年ごとにて塗替えを行うことが一般的です。

　尚、制御系及び駆動系の歯車、チェーン、モーター等は日常保繕での取替えが一般的です。ただ、機械設備が設置されている場合の環境、すなわち、屋内なのか屋外なのかにより、耐用年数には大きな差があります。

Q141 中央給湯方式について

　築30年のマンションで、地下にボイラー室（熱源）を持った中央給湯方式で、各戸の給湯と暖房がまかなわれています。
　熱源機器と配管類がそろそろ寿命となり、更新計画が進んでいます。従前通りのシステムの更新には巨額の費用が掛かる事から、最近の多くのマンションのように個別給湯・暖房のシステムの方が経済的だとの試算が出ています。はたして、そうでしょうか。

ANSWER 　ガスや重油、電気等熱源の種類にもよりますが、一般的には、中央給湯方式よりも、個別方式のほうが、イニシャルコストもランニングコストも低いと言われています。

　マンションの場合には、中央方式であれば、設備の多くが共用部分となり、個別方式の場合、設備の多くが専有物となりますから、修繕

積立金で負担する費用は、圧倒的に前者が大きいといえます。

したがって、費用の大小比較というよりも、財産区分（管理区分）の変更という捉え方で考える必要があります。

また中央給湯方式の場合、システムにもよりますが、常時循環しているために水栓をひねればすぐに暖かい湯が出ます。個別の場合、一般的にはそうはいかない場合が多いものです。シャワー等は中央方式の場合、高級ホテル並の高いシャワー圧を得る事が出来ますが、個別の場合には余程の特殊機器を入れない限りそうはいきません。これらの性能の違いが、マンション購入の動機となった区分所有者の方も、たぶん居られるわけで、実際、そのマンションの資産価値を構成する一要素となっている場合が多いものです。

したがって、単純なコスト比較ではなく、アンケートを取られる等、充分な意見収集を行い、合意形成を慎重に進められる事が望まれます。

Q142 給水管保全について

私のマンションでは、給水管の保全のために薬剤投入装置が設けられており、定期的に薬剤が補填されています。飲み水ですから薬剤等を入れても大丈夫なのかと聞いたところ、食品添加物として認められているものなので心配はないと言われましたが、気持ちの良いものではありません。どうすべきでしょうか。

A 給水内に一種のカルシウム剤を入れることで、管内に化合物を形成させて錆から管材を守ろうというものと思われます。カルシウム等を多く含む水は硬水といって、ヨーロッパでは飲料水として用いられていますが、こちらは、軟水の範囲（硬度90以下）で、硬水に近づけていると考えられます。硬水を流す配管は錆び難いと言われています。

しかしながら食品添加物といわれても、配管を守るために毎日飲用する水に混入させる事は、ご心配されているように、本末転倒のような気もいたします。

マーガリンという食品は、1920年代に、植物由来ゆえに健康食品だという理由でアメリカで発明されました。しかしこれに含まれるトランス脂肪酸が、実はバターよりも有害な物質である事が判るまでに、50余年を要したのです。

今は食品添加物であっても、毎日飲用するものですから、充分な議論をされてその是非を検討されたらいかがでしょうか。

Q143 給水管について

昨近、マンション給水管を40年延命させるという広告を目にしました。電気的な設備を設けるものだそうで、何でも赤錆を黒錆に変えてしまうという魔法のような話なのです。詐欺ではないですか。

A ANSWER 電気防食といわれるものと思われます。管内を電解水にすることで、赤錆（Fe_2O_3）を黒錆（Fe_3O_4）に転換し、安定化させる事で、管材を守るというものでしょう。理論的には間違っているとは言えません。

ただ安定しているのは黒錆より赤錆です。なぜならば、Feの原子価（元素の手のようなもの）は3で、Oの原子価は2なので、赤錆 Fe_2O_3 は、2つのFeと3つのOとで総ての手を繋ぎあって安定しているのに対して、黒錆（Fe_3O_4）はFeの手が1本ずつ余っているため、油断をすると、他の余っている手と繋ぎ合って、Fe_2O_3、つまり赤錆に変わってしまいやすいのです。したがって常に電気を流し続けなければならず、また水流の量に応じた適切な電気量というのも把握しづらいものです。

つまりその効果を確かめることが難しく、電気を消費し続けることになります。業者から充分にヒアリングされてはいかがでしょうか。

Q144 エレベーターの更新時期について

　私のマンションでは、築28年を迎え、管理会社から、２台あるエレベーターの更新が必要と言われ、5000万円もの見積りが出されています。
　若い頃暮らしていたパリのアパルトマンのエレベーターは19世紀の製品でしたし、最近まで赴任していたシカゴの高層アパートメントハウスのそれは、建築時の1960年型が現在まで維持されていました。日本のエレベーターは28年ほどで取り替える必要が本当にあるのでしょうか。

ANSWER　エレベーターには、耐用年数が長い部品と短い部品とがあります。エレベーターシャフトとレール、かご本体等は建物の寿命と同じくらいの年数を使用することが出来ますが、巻上げモーターや制御盤、スイッチ類は25年ほどで更新が必要となることが一般的です。

　ご質問からすると、エレベーターすべてを取り替える見積金額が提示されているようですが、必要な制御系に限った更新を選択されるのが合理的ではないかと考えられ、その場合、３分の１ほどの費用で済むはずです。
　仮に全体を取り替える場合には、メーカーを変えて競争の原理を働かせる事で経済化が図れますし、制御系のみの更新であっても、独立系エレベーター会社を見積り合せに組み入れることで、価格の実態が把握出来るメリットもあります。
　また、コンサルタント会社を入れて精査させる事で、結果、経済化を図るという選択もあります。

11 耐震補強について

Q145 マンションの地震対策は、どのようなものがありますか?

A ANSWER マンションの地震対策は、管理組合が行えるものとして以下のものがあります。

①耐震診断、耐震改修
②コミュニティやネットワークの強化
③地震保険への加入
④各住戸内家具の耐震化

Q146 地震による被害が発生しやすいマンションとは?

A ANSWER 旧耐震マンションが地震被害を受けやすいと言われています。

　昭和56年6月1日に建築基準法施行令が改正され、耐震基準が変更されました。昭和56年5月31日以前に建築確認通知を受けたマンションのことを旧耐震マンションといいます。これら旧耐震マンションの中には、現在の新耐震基準よりも耐震性が劣るものもあり、地震時に被害が生じる可能性が高いとされています。
　また、昭和46年6月にも耐震基準が改正されており、これ以前のマンションは、鉄筋コンクリートの柱の帯筋(フープ)間隔が大きく、柱が脆弱である可能性があり、特に、注意が必要です。
　また、旧耐震基準の建物の中でも形状がL字型やコの字型等の不整形な場合、上下層で構造形式が異なる場合(下層が鉄骨鉄筋コンクリートで上層部が鉄筋コンクリート)、1階が駐車場等ピロティ形式の場

合、耐力壁がバランス良く配置されていない場合等は特に注意が必要です。

　これら旧耐震マンションは、現在の新耐震基準よりも地震耐力が劣り、被害が生じやすいため、耐震診断の実施を検討される事が望まれます。

※鉄筋コンクリート構造で壁式構造の場合は、旧耐震基準と新耐震基準との耐震性に大きな違いがないと言われています。また、簡易的な耐震診断法もあり、安価で耐震診断ができます。

Q147 旧耐震基準とは？

A ANSWER 建物の耐震設計の基準は、過去の震災の教訓を踏まえて、幾度にわたる見直しが行われてきました。
耐震基準の大きな改正の変遷は下記のとおりです。

① 1950年（昭和25年）11月23日 建築基準法施行（旧耐震基準）
② 1971年（昭和46年）6月17日 建築基準法施行令改正（旧耐震基準）
　　1968年十勝沖地震の被害を踏まえ、鉄筋コンクリート造の帯筋の基準を強化した。
③ 1981年（昭和56年）6月1日 建築基準法施行令改正（新耐震基準）
　　一次設計、二次設計の概念が導入された。
④ 2000年（平成12年）6月1日 建築基準法及び同施行令改正
　　性能規定の概念が導入され、構造計算法として従来の許容応力度等計算に加え、限界耐力計算法が認められた。

　大きな見直しを行った昭和56年6月1日に建築基準法施行令が改正され、「新耐震基準」が導入されました。この新耐震基準以前に設計された建物を「旧耐震」と呼びます。

Q148 旧耐震マンションには、どのような問題があるのですか?

A ANSWER 旧耐震マンションは、新耐震マンションに比べて、耐震性が劣る可能性が大きく、注意が必要です。阪神大震災や東日本大震災で大きな被害を受けたマンションは、旧耐震マンションであったと言われています。

また、東日本大震災では、耐震補強したマンションはほとんど被害がなかったとのことです。

旧耐震マンションの中でも、特に注意が必要なのは、昭和46年6月の建築基準法施行令改正前の建物です。このマンションでは、地震時に、耐力や粘り強さの不足による柱の破壊が生じる恐れがあります。

なお、中層マンション等で各階の戸境壁が下階から上階まで同位置に設置されている場合は、戸境壁が耐震壁として機能するため被害を逃れる場合もありますが、一般的には、旧耐震基準の構造の建物は、耐震性に乏しい場合が多いといえます。

Q149 旧耐震基準であっても、壁式構造の建物は、比較的安心できると聞きましたが?

A ANSWER 壁式構造のマンションは、構造を支える壁面の量が多いため、旧耐震基準の時期に建てられたものであっても一般的に耐震性は高いと考えられます。

わが国で、過去に大震災等でも壁式構造で大きな被害を受けた例はほとんどありません。ただし、構造部材の大きな形状の変更等無理な増改築を行った場合や材料の劣化が著しい場合等、注意を要する場合も考えられます。

Q150 耐震診断は、どのような事を行うのですか？

ANSWER 耐震診断とは、旧耐震基準で設計された建物について構造図や構造計算書に基づき、柱や梁等の構造体を計り、現地調査を行い、その結果を基に耐震性能を数値として確認し、耐震改修の要否を判断する診断です。

その結果、耐震性能が劣ると診断された場合には、耐震性能を確保するため、耐震補強する等の処置が必要になってきます。マンションの耐震化は、費用や合意形成の面からも実施を行うことが困難と言われていますが、マイホームは安全でなければなりません。何とか耐震改修をしたいものです。

Q151 耐震診断は、どのように進めるのですか？

ANSWER 耐震診断は、竣工図面の確認、予備調査、現地調査、耐震診断の流れで進んでいきます。

耐震診断の具体的な方法には、一次診断（簡易な方法）から三次診断（高度な精密診断）までありますが、建物の構造形式、現地調査等をもとに専門家の判断によって診断次数を決定する必要があります。

旧耐震マンションでは、構造設計法が現在と異なるため、現在と同様な方法で耐震性の検討を行うことができません。このため、耐震診断では建物の強度や粘りに加え、その形状や経年状況を考慮した耐震指標：Is値を計算します（「建築物の耐震改修の促進に関する法律（耐震改修促進法）」の告示（旧建設省告示 平成7年12月25日 第2089号）。

耐震改修促進法等では耐震指標の判定基準を0.6以上としており、そ

れ以下の建物については耐震補強の必要性があると判断されます。言い換えれば、「Is値≧0.6」の建物は「必要な耐震強度に対し100％の強度を持っている」ことを意味しています。

　Is値を評価すれば下記のようになります。
①Is値が大きくなると、被災度は小さくなる傾向
②Is値が0.6を上回れば被害は、概ね小破以下となる
③Is値が0.4から0.6の建物では多くの建物に中破以上の被害が生じている
④Is値が0.4以下の建物の多くは倒壊または大破している

　マンションの場合は、構造や所有形態から耐震補強が困難であると言われています。耐震診断の結果、このようにIs値が算出されますが、同時に耐震補強が必要な場合の目標値としても検討される数値です。

　Is値0.6が困難であっても、耐震補強計画を立てる際には、その目標値としてのIs値の持つ意味をよく理解して、どこまで耐震性能を向上させるのかについて検討する必要があると言えます。

Q152　耐震診断はどこに頼めばいいのですか？

A 耐震診断は、構造設計一級建築士が所属する建築設計事務所等の耐震診断の手法に精通している専門家に依頼することが必要です。

　一般財団法人日本建築防災協会のHPには、耐震診断を実施する建築設計事務所のリストが掲載されています。（http：//www.kenchiku-bosai.or.jp/seismic/jimusyo.html）

Q153 耐震改修とは、どのようなことをするのですか?

ANSWER 耐震改修には大きく分けて、耐震補強、制震補強、免震補強の3つの方法があります。

　一般にマンションでは、耐震補強が多く採用されています。耐震補強とは、建物の外部や内部の壁、柱の耐力や剛性、粘り強さを向上させ、建物の耐震性能を高めることを言います。
　耐震補強には様々な方法がありますが、耐震診断の結果に基づいて、適切に計画する必要があります。また、コスト・工期・整合性・施工性等を総合的に判断し、最適な方法を選定します。

Q154 耐震診断の予算処置はどのように行えばいいのですか?

ANSWER 耐震診断は、管理組合の総会にて議案を答申し、普通決議での承認が必要です。

　耐震診断の発意は、劣化診断・調査や長期修繕計画の見直し等を契機として、理事会等で準備をすることとなります。
　理事会は、管理会社や地方公共団体の相談窓口等に耐震診断の内容や費用、補助金等を専門家に相談します。理事会として耐震診断の実施を決定した場合は、予算化することとなります。
　特に、耐震診断や耐震改修等に対する補助制度については、初期に地方公共団体に適用の有無を確認する必要があります。
　理事会は、これら収集した情報を取りまとめて、耐震診断の必要性、内容、参考見積り等を示した上で、管理組合の総会の議案として、「耐

震診断の予算化」について提起することになります。
　耐震改修の予算化は、下記の多数決要件を満たした場合に成立します。
①管理費から予算化する場合：普通決議
　区分所有者及び議決権の各過半数
②修繕積立金から拠出する場合：普通決議
　区分所有者及び議決権の各過半数（管理規約変更の必要な場合は、特別決議：区分所有者及び議決権の各4分の3以上）

Q155 耐震診断を行う上で、助成金はあるのですか？

A ANSWER 現在、多くの自治体が、マンションや住宅への耐震診断や耐震改修に助成金を出す条例等を打ち出しています。

　耐震診断、耐震改修を行うのなら、利用できる補助金や助成金は活用したいものです。地方公共団体によって助成金額の上限額や助成率、助成を受けるための条件等が異なるので、事前に自治体での確認が必要です。

Q156 耐震診断の実施について

　私のマンションは、昭和54年の竣工で、幹線道路沿いではありませんが、最近、理事会の一部の人達から、耐震診断を実施するべきではないかとの意見が出されています。
　建築設計事務所から見積りを取りましたが、800万円ほどでした。一部は補助金が出る制度があるようですが、診断だけで大変

に高額なので、実施へ向けて総会に上程するかどうか迷っています。

A ANSWER 昭和56年5月31日以前に確認通知を受けた旧耐震基準建物は、耐震診断を実施して、必要により耐震補強をするべきであるというのが、国土交通省の考えであり、また社会一般的な考え方となりつつあります。

また、法律や条令の整備も進み、首都圏の一部の地域では、義務化の制度が既に稼働しています。

耐震診断とは、旧耐震基準建物について、新耐震基準を基に解析・診断します。旧と新では基準が異なるために、マンションでは、壁式構造を除き、高い確率で新耐震基準よりも強度不足となることが考えられます。

その際、あなたがお住まいのマンションが、数値としてどの程度強度が不足しているのか、どの程度の地震に耐え得るのか、本当に耐震補強が必要なのかを知ることになります。

耐震診断後、合意形成を図り、耐震補強工事を実施することが望まれます。

Q157 耐震補強の合理性について

私のマンションは昭和55年の竣工で、旧基準の耐震構造であるため、専門会社に耐震診断を委託しました。

結果は、1階がIs値0.48でアウト、2階から上階はIs値0.61〜で、ぎりぎりセーフというものでした。

幸いに1階は駐車場で、車のレイアウトを工夫すれば、補強が可能で、Is値0.60となるような補強工事を検討中です。

この補強工事が実現すると、阪神淡路や東日本大震災級の地震

が来ても、大丈夫と理解して良いでしょうか。

A ANSWER　Is値が0.60とは、現行の耐震基準に照らして、これと同等程度の耐力があるとの意味です。

　現行の耐震基準は、
①数十年に一度ほど発生する大地震（震度５強）に対して、主要な構造部材が一つも損壊しないこと。
②数百年に一度ほど発生する大地震（震度６超）に対して、致命的な崩壊や倒壊をしないこと。
の２点を求めています。

　したがって、震度６強の大地震に見舞われた場合に、致命的な崩壊により人命が損なわれたりする事がないとしても、建物の一部が損壊し、再び建物を使い続ける事が困難な程のダメージは発生し得るというものです。

　技術的には、震度６超の大地震でも、びくともしない建物を造る事は可能ですが、経済性とのバランスから、主要部材の一部の損壊は許容し、人命を損ねるような崩壊・倒壊を防ぐことで、充分な避難の時間と空間、経路を確保するという考え方が、現在の耐震設計思想です。

12 価格開示方式について

Q158 価格開示方式の場合、従来方式に比べるとコストが安くなりますか?

ANSWER 安くなる部分と高くなる部分があります。発注者(管理組合)がどのレベルまでを要求されるかによって変わってきます。

　工事費については安くなる可能性があります。下請けの重層請負を極力排除しますので、排除した重層請負会社のフィー(一般管理費＋利益)が発生しません。また、品質の高い仕様を選択しても同じ金額でできる可能性があります。

　しかし、一般的な請負契約のような専門工事会社への極端な値引き交渉をしませんので、価格開示方式の方が高値となる場合もあると考えられます。工事完了後のトラブルで発生する費用のことを考えると何とも言えませんが、安さ優先での業者選定をする場合には、価格開示方式を勧めることはできません。

Q159 設計監理方式ですべての金額をオープンにする契約にすれば良いのではないですか?

ANSWER 日本の建設業の慣習として、利益や工事内訳等を開示することがなかったので、業者側から見れば非常に抵抗があると思われます。

　もし、設計監理方式ですべての金額をオープンにすることができれば、それは、価格開示方式の一つのパターン(RM-C方式)と言えます。しかし、RM方式を熟知していない建築設計事務所によっては、オープンブック監査等を適正に行うことができるのか、また、どの範囲をオープンにできる等、理論構築をきちんとできているのか疑問が

残るところです。

Q160 重層請負とはどのようなことでしょうか?

ANSWER

元請（総合建設会社）
1次下請（中小総合建設会社や大手専門工事会社）
2次下請（協力会社）
3次下請（協力会社）
　…
　…
n次下請（専門工事会社）
上記のように重層化した工事体制のことです。

　例えば、管理組合と元請業者が請負契約します。元請業者は1次下請業者と請負契約をします。このように、1次下請業者と2次下請業者、2次下請業者と3次下請業者……というように請負契約を締結していきます。

　それぞれの業者が必要な仕事をしていくわけですが、場合によっては、仕事をしないで利益だけを抜く場合もあります。結局、何次の下請業者が本当の職人さんを連れてきて仕事をしているかわからない状態が存在しています。これが現在の日本の建設業の実態です。

　時として、理由もなく下位者に対して理不尽な請負を強要します。末端の職人さんは、日当で生活していますので、働かないよりも働いたほうが良いということで、僅かな日当で請け負ってしまいます。

　重層構造になっているため、どの専門工事会社も職人さんを社員として雇用できなくなり、職人さんとは請負契約をするという関係になってしまいました。

Q161 責任施工方式との違いが非常にわかりにくいのですが？

A ANSWER
質問は、すべてを一括で請け負う「請負型アットリスクRM方式」との違いについての質問と思われます。
請負型アットリスクRM方式と責任施工方式との違いは、以下の通りです。

①透明性や公平性を改善したオープンブック方式を採用した。
②発注者の管理組合が工事に対する専門性を確保できるように「発注者支援マネジメント」を採用した。
③入札時の比較検討ができるように仕様と数量を確定した。
④金額の妥当性がわかるように「施工者支援マネジメント」を行い、材料費、人工代、経費、利益という価格の開示表現とした。
⑤下請けの重層をなくし、わかりやすい単層体制とした。重層部分の経費も削減できるようにした。

　管理組合が責任施工方式を採用する理由は、すべてを一括して発注することにより、管理組合の煩わしさを解消することにあると思われます。「請負型アットリスクRM方式」では、RMr（リノベーション・マネジャー）が意思決定過程における情報を開示しながら管理組合の意向を受けて、すべてを行ってくれますので安心です。

Q162 住民のクレームは誰が聞いてくれるのですか？ また、工事に関しては、居住者がいろいろな問題を出してくる可能性があるので、1社に全体工事を発注するほうがリスクマネジメントをしてくれるのではないですか？

ANSWER クレームには、当該マンションの住民の「工事前のクレーム」「工事中のクレーム」「完了後のクレーム」があり、また、近隣からの同様のクレームがあります。また、完了後のクレームについては、瑕疵や不具合によるクレームがあります。

　これらのクレーム対応は、従来方式では施工会社が一手に担っていました。工事中であれば施工会社の現場代理人等が対応し、完了後のアフターサービスのクレームであればアフターサービス担当者が対応しているのが実情です。

　大規模修繕工事のリスクマネジメントは、1社が責任を持って対応する。また、複数の会社が担当する場合は、窓口の分担を明確に規定することが必要です。

　居住者のクレームに関しては、ルールに基づき対応し、最終的には、執行機関である理事会がRM会社の助言を受け、解決策を決定しなければなりません。施工者にすべてを押し付けたところで何の解決にもなりません。

　RM方式では、3つの方式を用意していますが、クレームの窓口はすべて1社で対応するようにしています。

　RM-A方式、RM-B方式では、工事中はRM会社のRMr（リノベーション・マネジャー）が対応し、完了後は、RM会社のアフターサービス担当者が対応します。

　RM-C方式では、工事中は工事統括管理会社の工事担当者が対応し、

完了後は、工事統括管理会社のアフターサービス担当者が対応します。
　どの方式でもRMrが内容を確認して、理事会や大規模修繕委員会に報告し、内容により、理事会で判断せざるを得ない場合は、意思決定の助言をRMrが行い、理事会からの報告となる場合があります。基本的に、迅速に対応できるようにクレームの解決に向けてマネジメントしていきます。

Q163 分離発注する専門工事会社はどのように選定するのですか？　また、管理組合が決めることができますか？

A ANSWER　専門工事会社とは、職人を直接雇用し建設業の許可を持っている会社です。大規模修繕での許可業種は、足場架設等の「とび・土工・コンクリート工事業」、下地補修等の「左官工事業」、シーリングや防水等の「防水工事業」、塗装等の「塗装工事業」、金物等の「板金工事業」、上下水道設備等の「管工事業」等があります。計画されている工事に必要な工種を決定し、その工種ごとに専門会社を選定します。

　募集に関しては、RM会社による推薦、管理組合や区分所有者の推薦、一般公募等があります。これらの中から管理組合が決定します。
　RM会社による推薦については、一般社団法人日本リノベーション・マネジメント協会で優良な専門工事会社のリストを作成しますので、リストの中から推薦します。このリストを「ブラックリスト」の反対語ですが、「ホワイトリスト」と表現しています。
　選定過程では、大前提として、各業者が、オープンブック方式を理解し、実行できるという条件を兼ね備えていることが必要です。また、良質な工事を行える職人や職長がいることも必要です。従来の大規模修繕の選定過程とは、かなり変わったものとなります。

最終の決定者は、管理組合ですが、決定するまでの支援や助言、推薦をRMrが的確に行い、透明性や公平性を確保できるような選定とします。

Q164 分離発注することによって、かえってRM会社の業務量が増えて値段が高くならないでしょうか？ また、かなりの業務量をこなす能力のある人がいるのでしょうか？

ANSWER 分離発注者である管理組合としては、自らが分離発注することには、かなり抵抗感があると思います。大規模修繕の設計監理を行っている管理会社や建築設計事務所、専門のコンサルタントは、まず、管理組合のリスクが増大するという理由をつけて分離発注を勧めないと思いますし、分離発注での工事を仕切る事のできる事務所は、現在のところ限られるでしょう。

日本では、一括で請けたゼネコンが下請業者に分離発注をしているわけですが、これらに伴う業務をゼネコンの担当者は平然とこなしています。これは、日本のゼネコンが優秀であるからと言われています。しかし、ゼネコンは、下請業者の重層化が常態化しており、重層構造を阻止しようとの意識がありません。しかし、価格開示方式の分離発注は、重層構造の阻止を重点課題に据えています。

分離発注を上手に進めるためには、経験豊富なゼネコン出身者等をRM会社の施工調整者として起用することです。施工調整者の遂行する業務としては、PDCA（計画⇒実行⇒評価⇒改善）のサイクルを守り、決められた方法で、大規模修繕工事におけるPCMSE（品質管理・原価管理・工程管理・安全管理・環境管理）の五大管理を確認してい

きます。

　施工調整者の業務量は多く感じられますが、そうすることにより、整理された業務となり、過度な負担は生じません。重層構造の排除や管理手法により、最終的にはより品質の高い工事が適正な費用で行うことができます。

Q165 インセンティブの問題ですが、最初から工事費用を高く設定しておけば、結果として安くなるのでは？　本当の金額は価格開示方式（RM方式）ではわかるのですか？

A ANSWER　インセンティブすなわち、報奨金やボーナスは、目標達成の成果ですが、その分配率や方法、手段は事前に管理組合と十分に検討することが大切です。

　価格開示方式では、原価と利益（一般管理費含む）の合計金額が総工事費となるように設定します。利益は固定要因、原価が変動要因になります。設計時に数量積算を行いますが、その数量に契約単価を掛けて、各工種の原価が算出されます。各工種の原価の合計が原価の総額です。
　それでは何故、最終金額が変動するのでしょうか？　数量が正しく、契約単価が一定ならば、変動がないはずです。ここにマジックがあります。数量が同じでも、単価は、職人さんの1日の作業面積や材料の適正使用量によって変動します。価格開示方式では、職人さんの実働から最終的に単価を変動させます。職長さんや職人さんが優秀で、段取りがよければ、当然、必要日数が減少します。これにより、単価が下がるわけです。オープンブック方式を採用するからできる技です。
　今の建設業の慣習では、単価は固定ですので、「最初から工事費を高く

設定した」のではないかという疑問は当然です。

　また、適正な価格の判断基準は、市場における実勢価格やこの1年間実際に工事をした見積書からの工事単価を参考にします。もしくは、一般社団法人日本リノベーション・マネジメント協会による審査、調査を受ける等、第三者機関にてチェックを行ってもらうことも一つの手段と考えられます。また、この前提には、競争原理の価格入札がありますので、高ければ採用されません。

Q166 実際に仕事をする職人さんの技量を保証してくれるのですか？

A ANSWER　RM会社が職人さんの技量を保証するものではありません。

　職人さんの技量の一定の目安となる基準としては「一級技能士」という資格があります。これらの資格の有無を専門工事会社の選定要件としていくことにより、統一的な品質確保が可能となります。

　現在、一般社団法人日本リノベーション・マネジメント協会の会員会社の中には、独自に職人を束ねる職長を一定の選考基準に従い組織化している会社もあります。このように一般社団法人日本リノベーション・マネジメント協会の最終的な目標は、良い職人さんや監督さんのリスト化（ホワイトリスト）を行っていくことです。いずれは、これらをネット上に公開していくことになります。

Q167 瑕疵の補修やアフターサービスは誰がしてくれるのですか？　また、どこに連絡すればよいのですか？

ANSWER 瑕疵やアフターサービスの窓口業務はRM会社が行います。瑕疵なのかアフターサービスなのか、管理組合負担なのかの判断もRM会社が行います。また、大規模修繕工事が完了し、竣工引渡時に、RM会社からアフターサービスの時期と担当者、連絡先などの説明をしますのでご確認ください。

実際の補修は、元請会社の責任ですので、管理組合と直接、工事契約を交わした会社が行うことになります。また、専門工事会社の中に対応できない会社が出た場合は、RM会社が、それらの業務に当たります（代替履行）。

瑕疵担保責任は、民法で定められた請負会社の無過失責任です。過失があろうとなかろうと、瑕疵があれば修補しなければなりません。しかし、ここで問題になるのが、不具合が瑕疵か瑕疵でないかという点で、それを巡っての争いが生じます。そこで、請負契約の特約事項として、アフターサービス規定を設けています。アフターサービスは、瑕疵の有無とは関係なく、不具合内容が契約に定められたものであれば、修補するという契約です。瑕疵の有無には関係がありません。

Q168 瑕疵保険を掛けるメリットを教えてください

ANSWER 瑕疵保険とは、工事業者が施工する大規模修繕工事に対して付保するもので、工事後に施工ミス等で「瑕疵」が見つかった場合に、工事業者は修補費用を保険金で賄

えるというものです。管理組合は、瑕疵の有無を争うことがなく、工事業者に迅速に修補対応してもらえるので安心です。また、工事業者が倒産している場合は、管理組合に修補費用が支払われますので万が一の場合も安心です。

　保険会社は工事中から第三者機関として検査を行い、「瑕疵」を未然に防ごうとするため、管理組合にとっても安心して大規模修繕工事を任せられるメリットがあります。
　例として挙げると、屋上防水工事等では、保証期間が10年と長くなるものがあります。業者選定時では、経営的な面もチェックし、審査して選びますが、絶対的な経営保証となれば、このような瑕疵保険を掛けることをお勧めします。

Q169 瑕疵保険を掛けた場合に、緊急性のある雨漏り等の補修対応は誰がしてくれるのですか？

A ANSWER　RM会社にまず一報下さい。このように緊急事態になったときに安心できるのは、専門家が駆けつけてくれることです。業者選定時には、地域性も考慮しておくことをお勧めします。

　雨漏り等の緊急対応が必要な場合は、保険会社の現場確認を待っていることはできません。緊急的に対応した仮復旧工事が、本復旧工事に含まれると判断された場合は、保険金で賄えることになります。その際は、現場写真、仮復旧工事内容の記録等、詳細について、後で確認できるよう対応が必要です。

Q170 従来方式できちんとした業者を選べば一番よいのではないでしょうか？　RM料を支払う分だけ高くつくのでは？

ANSWER　責任施工方式にしても、設計監理方式にしても、従来方式での請負契約は、一括請負が一般的です。現時点での日本の建設業の慣習は、元請、1次、2次、3次、4次下請……という重層構造になっています。そこには、会社経費の重複加算、下請け叩き、潜在する建設業法違反等いろいろと解決すべき課題を内包します。きちんとした業者であっても、重層構造に組み込まれています。それらに掛かる各社の経費は、大規模修繕工事内容に反映されることはありません。

　価格開示方式（RM方式）は、オープンブックや分離発注等RM会社の作業量が増え、RM料が高くなりますが、重層構造の排除により大規模修繕の総予算は、適正なものになると思います。

　また、RM料が少し高くなってもこの費用はすべて、現場のマネジメントに活用されています。最終的には、経済合理性が高く、納得できる工事になります。

Q171 価格開示方式に、なぜ3パターン用意したのですか？

ANSWER　価格開示方式の3パターンは、今まで大規模修繕に参入していた各種の業者（建築設計事務所、管理会社、建設会社、専門工事会社等）すべてが価格開示方式を実行できるように準備しました。今まで大規模修繕を担ってきた人々を否定することはできません。

今後、価格開示方式を採用した大規模修繕を多くの管理組合が採用し、いろいろな業種の方々が参入できるような環境をつくりたいと思っています。
①準委任型アットリスクRM方式（RM-A方式）
　資金力があり、豊富な技術者を抱えている管理会社がRM会社となれば、良い結果が出る方式です。
②請負契約型アットリスクRM方式（RM-B方式）
　建設業の許可を持ち、マネジメント能力がある建設会社や管理会社がRM会社になれば良い結果が出る方式です。
③工事統括管理会社活用型アットリスクRM方式（RM-C方式）
　マネジメント能力のある建築設計事務所がRM会社になれば良い結果が出る方式です。
　価格開示方式もさることながら、従来方式も良いところがあります。その良いところを残しながらオープンブックを取り込むと、おのずと3パターンにたどりついたというわけです。各々、管理組合の方針に合った方式のパターンを選ぶことができます。

Q172 完成保証とは、全体の保証という意味ですか？

A ANSWER 完成保証とは、工事を請け負った会社が倒産、廃業、その他の理由で完成の責任を持つことができなかったときに、代替履行することです。

　現在の大規模修繕工事の実態について触れておきます。工事途中で施工業者が倒産するとどうなるでしょう。足場は残ったまま、仕上げ工事も中途半端、防水工事中ともなれば、その後の処置にたいへんな労力とお金が掛かります。そのようなことが起こらないように、建築設計事務所等のコンサルタントが提示する工事業者選定の募集要項では、資本金、経営内容（赤字不可）、経営事項審査結果、実績等の項目

を加え、倒産し難い会社選びをしています。追加として、完成保証人を立てろとの内容も散見されます。

しかし、これらの募集要項は、管理組合のメリットよりも、新規業者の参入を困難にし、結果として談合の温床になっているとも言われています。

完成保証がきちんと機能すれば、過度な募集要項が緩和されて、談合等の不透明な慣習が少なくなると思われます。

Q173 管理組合とRM会社の共同事業体の施工調整者とはどのような仕事をするのですか？

A ANSWER 価格開示方式の準委任型アットリスクRM方式（RM-A方式）では、管理組合とRM会社がマネジメント契約を締結して、大規模修繕工事の発注者として共同事業体を構築します。RM会社は、発注者側の工事関係の技術者として「施工調整者」を配置します。施工調整者は、分離発注業者間の施工調整も行います。

施工調整者は、工事統括管理者と協調しながら施工者支援マネジメント業務を行います。その主な内容は、以下の通りです。

実数清算項目精査確認・VE（バリュー・エンジニアリング）、合理化（コストダウン）提案検討・実施計画作成・各種届出・工事広報管理・現場入場者教育・施工調整（品質管理支援、安全管理支援、コスト管理支援、工程管理支援）・出来高査定・月次決算資料作成・工事台帳管理・工事原価清算案作成・工事監理等々。

Q174 工事統括管理とはゼネコンの仕事をするということですか?

ANSWER　価格開示方式のRM-A方式では、管理組合と複数の専門工事会社が請負契約を締結します。RM会社は、品質管理、工程管理、費用管理等、工事のマネジメント業務を行います。これらのマネジメント業務を「工事統括管理」と定義しています。RM会社は、管理組合から純粋にその工事統括管理の対価を貰います。

RM-C方式では、「工事統括管理会社」が登場しますが、元請会社として「工事統括管理」のできる会社という意味です。

Q175 従来方式と価格開示方式（RM方式）では、どちらが住民の意見を細かく反映することが可能でしょうか? 工事中でも住民要望に応えてくれますか?

ANSWER　従来方式では、責任施工方式（RM方式）にしても設計監理方式にしても「発注者側」という認識が欠如しています。価格開示方式は、住民の意見を細かく反映することを目的として、管理組合とRM会社が委託契約により一体となりますので、当然に従来方式よりも、住民要望に応えることのできる方式です。

例えば、計画段階で住民の意見を聞く機会をできるだけ多く取り、細かいところまで計画に織り込みます。工事中でも住民要望については、RM会社が対応します。

情報公開については、気になると、色々なことを聞きたくなるもの

です。大規模修繕工事に関するどんな情報でも公開できるのが、価格開示方式です。

Q176 上限金額の設定とはどのようなことでしょうか?

ANSWER 価格開示方式（RM方式）での工事費の内訳は、工事原価と利益（一般管理費含む）です。工事原価は、本当の原価であり、工事途中での状況により、清算が前提になります。利益は一定にします。これが価格開示方式（RM方式）の特徴です。

工事原価の清算では、工事費が減れば、発注者のコスト減となりますが、反対に工事費が増えることがあります。増えれば、発注者のコスト負担増となります。

上限金額とは、工事に払うお金の上限です。発注者の金銭的なリスクを軽減するための設定金額です。

大切な修繕積立金は、長期修繕計画書で管理され適切に使用されなくてはなりません。リスクは最小にしたいものです。あるだけ全部使うわけにはいきません。業者側から後出しジャンケンのように、これもあれも追加工事ですとならないようにすることが上限金額の大きな意義です。

Q177 施工調整者は、工事中に毎日マンションに来てくれるのですか?

ANSWER 施工調整者は、RM-A方式の場合に発注者とRM会社との委託契約により、業務量を定めます。マンションの

規模や事情により、常駐が必要な場合は、そのような契約内容になります。

Q178 品質の良し悪しはどのように判断するのですか?

ANSWER 　建物の品質には、いろいろな考え方があります。住宅の品質の良し悪しは、一言でいえば、瑕疵がないことといえます。施工会社が良質な施工管理を行い、工事監理者が適正な監理することにより、瑕疵のない良品質な仕上がりとなります。工程ごとに検査をし、合格すれば次の工事に着手する等の対応が大切で、手抜き工事のできない意識付けや体制が必要です。

　大規模修繕の目的は、建物の寿命を長く保ち、資産価値を維持することですから、これを達成できることが良い品質の工事ということになります。

　具体的な内容は、防水工事であれば、目標の防水性能が確保できることが良い品質、確保できないことが悪い品質となります。

　外壁塗装であれば、日本人は美観を重要視しますから、「線」が通っている等細かな施工上の配慮は重要です。また、外壁塗装は、美観だけではなく、コンクリート躯体を守るものですから、指定材料を規定量使用されているかどうかチェックすることが重要です。

　実際は、丁寧な作業をしていくことで良い品質が確保されます。特に、下地補修等の完成時には隠れてしまう工事については特に管理が必要です。品質が悪い場合には、その表情の下に隠れている部分が、3年後・5年後・10年後といった時期に施工不良といった形で姿を現してきます。

Q179 管理会社は、劣化診断・調査の見積書は図面から算出すると言っていましたが、図面だけで作成できるものですか?

ANSWER 　管理会社は、各種点検や建物点検等の履歴情報(カルテ)を持っている場合が多く、そのような優良な管理を実行している管理会社では、それぞれのマンションについて必要な情報を把握していますので、見積書の作成であれば、図面から算出できるはずです。しかし、管理会社であっても、履歴情報を持っていない場合は、図面から作成できるのは、類似建物の一般的な見積書になります。

　一般的に劣化診断・調査の見積書は、どのような検査方法でどの部位を何ヶ所調査をするかで金額が異なります。どのような検査方法を選択するか、どこを何ヶ所実施するか等、現場で確認をすることも重要です。

Q180 RM会社が管理組合と同じ立場で仕事をすると言っていますが、本当に信じて良いのですか?

ANSWER 　RM会社が管理組合と同じ立場で仕事をすることの担保は、オープンブック方式の実践です。信頼関係、透明性、公平性等といった精神論だけでは、今までの従来方式と何ら変わりがありません。

　価格開示方式(RM方式)は、オープンブック方式を採用することにより、委託契約による業務情報をすべてオープンにします。すべての情報をオープンにすることにより、管理組合もRM会社も不信感な

く仕事をすることができます。

　しかし、いくらオープンブック方式を採用すると言っても、同じ立場で仕事をする以上は、管理組合の参画がなければこの方式は成り立ちません。この方式そのものが、透明性・公平性を実現しようとするものですから、管理組合の皆さんも積極的に参加するという意識が必要です。

Q181 RM会社は劣化診断・調査や設計ができるのですか?

ANSWER 　RM会社の想定は、建築設計事務所、CM会社、管理会社、建設会社等技術体制が確立していることが前提です。

　RM会社にそのような技術組織体制が整っていれば、劣化診断・調査や設計も可能と考えられます。しかし、RM会社に中立的、客観的判断を求めるなら、劣化診断は、調査専門会社に依頼し、改修設計は、建築設計事務所に依頼するといったことも選択の一つとなります。

Q182 原点に戻りますが、どうして12年ごとに大規模修繕を行わなければならないのでしょうか?

ANSWER 　少なくとも1995年以降のマンションでは、分譲時に分譲業者が作成した「長期修繕計画」があると思います。その長期修繕計画にも、おそらく12年ごとの大規模修繕工事を行うような内容になっているはずです。また、12年周期で2回目、3回目と続きます。

このように、一般的に大規模修繕を実施するのは12年ごとと言われています。しかし、大規模修繕を実施するかどうかの判断は、建物の痛み具合や予防保全の考え方を総合して判断するべきです。ですから、絶対に12年ごとに実施しなければならないということではありません。12年目だからいきなり大規模修繕を実施するのではなく、まず適正な費用を掛けて劣化診断・調査を実施し、建物の状況や合理的な工事方法を十分に検討した上で、適正な修繕工事実施時期を決定することが必要です。

　12年ごとに大規模修繕を行うことの意義を考えてみます。国土交通省の大規模修繕に関するガイドライン等の資料でも、12年ごとの大規模修繕の実施を推奨しています。これは、建物の美観、コンクリートの中性化、防水性能等を勘案して、マンションの優良な居住環境や資産価値の維持を保つため予防保全という考え方が基本になっています。それに必要な年数が12年前後ということです。

　他の視点から考察します。5階以上且つ、1,000㎡以上のマンションは、建築基準法で共同住宅という用途に分類され、特殊建築物の対象になります。建築基準法により3年ごとに特殊建築物定期調査を義務付けられています。

　後付ですが、2008年には、その調査内容として、10年を経過する建物は、外壁タイル等の全面打診調査や補修をすることという項目が追加され、次の3年目まで、すなわち13年以内に実行しなければならなくなりました。そういった条件や理由から、大規模修繕を12年ごとにすることが、より効果的になっています。

Q183 従来の施工方式と価格開示方式（RM方式）のコスト比較をしたいのですが、可能ですか？

ANSWER 可能です。価格開示方式（RM方式）で行うステップ1の段階で、総価請負見積書の徴集を行い、予算比較を行います。下図を参照下さい。

価格開示方式（RM方式）の計画段階で、改修工事見積要綱書を作成し、総合建設会社に見積り依頼をすることができます。この段階で、コストを比較します。

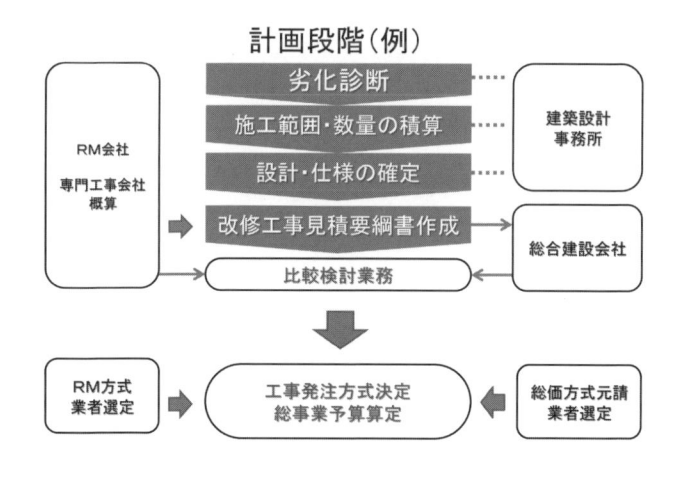

計画段階（例）

```
                    劣化診断
                施工範囲・数量の積算          建築設計
  RM会社                                      事務所
 専門工事会社         設計・仕様の確定
   概算        →  改修工事見積要綱書作成    総合建設会社
                    比較検討業務
                         ↓
  RM方式      →   工事発注方式決定    ←    総価方式元請
  業者選定         総事業予算定              業者選定
```

Q184 下地補修で事前調査と実際に足場を建てたときの差は、どれぐらいあるものですか？

ANSWER 劣化診断・調査では、コンクリートのひび割れやタイルの浮き等については、目視や廊下や一部のバルコニー等の手が届く範囲を打診調査して、全体を想定することになります。

例えば、タイルであれば、サンプル面100㎡に何枚浮きがあるかを調べ、タイル面全体に何枚浮きがあるかを予測します。建物の妻面等、廊下やバルコニーのない部分は、足場架設後に初めて打診できますので、ある程度の誤差は覚悟する必要があります。

ほとんどの場合は、ほぼ想定範囲内で収まっているようです。しかし、それが桁外れに異なった数値となったことがありますので、注意が必要です。

したがって、欠陥部を確実に修繕するために、予備費を工事原価の概ね10％程度は予算化しておく必要があります。

Q185 数量積算の誤差はどれぐらいあるものですか？

A ANSWER 価格開示方式（RM方式）は、現在では誤差範囲を±5％以内までとしています。

よく言われることですが、数量積算は、10人が拾えば10人とも数量が違うと言われます。

これは、人が図面にスケールを当てて、寸法を拾い出すからです。しかし、価格開示方式（RM方式）では、CADソフトを使い、積算基準を統一して数量を弾き出すといった方法を推奨します。そうすることにより、誤差は5％よりもはるかに小さく、根本の積算方法を間違えない限り、誰が入力しても同じ数値となることを目指しています。

おわりに

　区分所有者は、所有している分譲マンション（以下「マンション」といいます。）に対して、一定の責任があります。その責任を達成するためには一定の知識が必要です。

　価格開示方式（ＲＭ方式）！

　本書は、Ｑ＆Ａ形式でまとめたもので、大規模修繕について必要な情報を網羅したものです。特に、Ｑ１５８からＱ１８５までは、「価格開示方式（ＲＭ方式）」について記載していますが、この方式は、大規模修繕工事の第３の実施方式として、今後普及する方式であると確信しています。

　価格開示方式が認知され、普及すれば、今、起こっている大規模修繕での悪しき慣習・問題の多くが解決されるはずです。この悪しき慣習・問題については、『はじめてのマンション大規模修繕』（岡廣樹・三浦明人著、東洋経済新報社）に詳しく記載しています。

　基本に返って、少しマンションについて考えてみます！

　マンションを購入するということがどのようなことか考えたことがありますか？
　マンションを所有するということがどのようなことか考えたことがありますか？
　マンションに住むということについて改めて考えてみたことがありますか？

　マンションを購入するということ　所有するということ！

マンションを購入するということ、所有するということは、マンションの一区画を購入するということです。
　マンションは、一つの建物の中に多くの部屋があり、通常は、高層で縦と横に区分されています。その一区画が所有対象の専有部分といわれているものです。マンションを購入するということは、この縦と横に区画された専有部分を購入するということです。

　古くから日本では、住宅は土地と家屋からなり、土地と建物は、別々に所有権があります。一戸建て住宅や長屋住宅は、土地と建物が１：１の関係ですので、別々に登記されています。いわゆる縦の区画だけの所有関係です。
　すなわち、一戸建て住宅を購入するということは、土地と家屋を別々に購入するということです。（契約書は、１通かもしれませんが。）
　また、一つの土地、一つの建物を共有することはよくあることですが、民法の規定は、縦だけの所有関係（１：１）しか対応できていないのが実情で、マンションのように、横の区分（上下区分）を伴う所有形態を想定していません。現状の民法の規定では、マンションを所有するという点では限界がありました。
　そこで、一つの建物に縦横の複数の所有者が居て、同じ土地や建物を共有するための法律が必要になりました。
　昭和59年の区分所有法（マンション法）により、それまで別々に登記されていた土地と建物（専有部分）の登記簿が一体となりました。これでやっと区画された部屋を所有の対象とすることができ、一般の所有形態として、登記できる状態となりました。この所有形態を区分所有という名称にしました。また、区分所有している者を区分所有者と表現するようになりました。

　区分所有者は、建物の各部屋（専有部分）と一対に土地（敷地権）を所有することになります。敷地権とは、その土地の所有権、地上権、定期借地権などの権利のことをいいます。
　すなわち、あなたのマンションの建物の区分所有権は、「専有部分」

だけでなく、マンションの敷地にも及んでいるということになります。逆にいえば、敷地権は、専有部分と一対となった扱いで、敷地権単独で売買はできません。

敷地権をもう少し突き詰めれば、マンションの敷地以外で一体として利用される土地（例えばマンションまでの道路、公園、駐車場等）も規約により建物の敷地とみなされた場合は、これらの土地にも敷地権が及ぶことになります。

専有部分の入れ物！

マンションは、専有部分と共有部分からなり、共有部分は、専有部分の入れ物とその付属物です。

入れ物：壁・床・天井などの躯体
附属物：エレベーターなど
その他：規約で定められた共有部分（管理事務室、集会所など）

共有部分は、区分所有法では「共有に属する」（区分所有法11条）と表現されています。これは持分に応じた所有権です。大規模修繕は、この入れ物や付属物を対象にするものです。

「ここからここまで」！

共有部分の所有権は「ここからここまで」という区分はありません。

共有部分は、区分所有者が「その用方」に従って利用することが許されています（区分所有法13条）。逆説的にいえば、区分所有者はその用方に従わなければならない責任が覆い被さります。

これら共用部分を管理するために、本文のＱ＆Ａに紹介しているような、管理組合、理事会、理事長、総会、規約などのいろいろなルールが設けられています。

マンションに住むということ！

マンションに住むと「鍵一つで出入りできる」「プライバシーが守られる」「近所づきあいをしなくてすむ」と思っている人はいませんか？

マンションこそ、優良なコミュニティが必要な住居形態です。マンションの適正な管理、防犯、防災、地域とのコミュニティなど、マンションをめぐる様々な問題が顕在化しています。この問題の対応策の一つとして、「マンション住民間のコミュニティや地域とのコミュニティを良好に構築すること」が必要といわれています。

少し、「マンションのコミュニティ」を考えてみます。
マンションのコミュニティは、大きく分けると

・マンション内のコミュニティ
・マンション同士のコミュニティ
・マンションと地域（町内会）のコミュニティ

以上3つのコミュニティを考えることができます。

ここでは、少しマンション内のコミュニティについて考えてみます。

マンションに住む以上、玄関や廊下・階段などの共用部分は、区分所有者全員の共有財産ですから、マンションの大規模修繕などを行うにしても、管理組合の理事会や総会で決めていかなければなりません。このように区分所有者の合意形成が必要とされるときに、それを円滑に進めるうえで大切となるのが、マンション内のコミュニティです。
　自分さえよければ良いなど、自己主義は許されません。居住者間で何でも話せる環境を作ることが大切です。

国土交通省の国土交通政策研究所は、「マンションの適正な維持管理

に向けたコミュニティ形成に関する研究」の最終報告を公表しました。マンションの維持管理とコミュニティとの関係などを明らかにするとともに、適正な維持管理に必要なコミュニティの形成を促進するために取り組むべき事項をとりまとめたものです。

マンションの居住者同士のコミュニケーションの度合いについて見てみると、

「あいさつをかわす」が44.6%、

「顔がわかる」が32.7%、

「会話をする」が12.2%

となっており、「顔がわかる」「あいさつをかわす」「会話をする」といった基礎的な相互認知型のコミュニケーションは居住者間で相当程度とられているようです。

一方、

「一緒に遊ぶことがある」3.1%、

「重要な相談やお願いができる」2.4%

となっており、やはり「コミュニケーションの度合いが深くなると、居住者間で見られる割合は低下」しているようです。

マンションにおけるイベントや行事、サークル活動などのコミュニティ活動については、「『顔がわかる』といったコミュニケーションが見られる割合が高いと、コミュニティ活動は活発になる傾向」があるとしています。なにかヒントがあるように思います。

マンションの管理組合運営上の課題として最も多かったのは、

「区分所有者の高齢化」(47.3%)

「管理組合活動に無関心な区分所有者の増加」(44.6%)、

「理事の選任が困難」(37.4%)

となっており、これらの課題について、今後一層解決策を模索しなければなりません。同研究所では、「コミュニティが形成されているマンションでは、居住者トラブルに管理組合内での話し合いにより対応できている割合が高く、居住者による防犯・防災活動、高齢者支援などにも取り組まれている」としており、コミュニティ形成の醸成がい

かに大切か考えさせられます。

岡　廣樹

❖ 執筆者紹介

岡　廣樹（おか　ひろき）
　一般社団法人日本リノベーション・マネジメント協会 会長
　一般社団法人日本コンストラクション・マネジメント協会 理事
　鹿島建物総合管理株式会社
　一級建築士、マンション管理士、管理業務主任者等

三浦　明人（みうら　あきと）
　一般社団法人日本リノベーション・マネジメント協会　理事・教育資格制度委員長
　株式会社ＣＭＣ

呼子　政史（よぶこ　まさし）
　一般社団法人日本リノベーション・マネジメント協会　理事、株式会社翔設計
　一級建築士、マンション管理士等

井上　一也（いのうえ　かずや）
　株式会社翔設計

山本　隆彦（やまもと　たかひこ）
　一般社団法人日本リノベーション・マネジメント協会　契約関連委員会　委員
　一般社団法人日本コンストラクション・マネジメント協会　関西支部　幹事
　近鉄住宅管理株式会社
　一級建築士、マンション管理士、ＣＭＡＪ認定コンストラクション・マネジャー等

松田　築（まつだ　きずく）
　一般社団法人日本リノベーション・マネジメント協会　関西支部　幹事
　近鉄住宅管理株式会社
　一級建築士

菊池　信哉（きくち　のぶや）
　鹿島建物総合管理株式会社

谷垣　徹（たにがき　とおる）
　オープンブックマネジメント株式会社

森　洋次（もり　ひろつぐ）
　近鉄住宅管理株式会社
　管理業務主任者、宅地建物取引主任者等

近藤　康男（こんどう　やすお）
　近鉄住宅管理株式会社
　建築設備士等

長谷川　浩（はせがわ　ひろし）
　近鉄住宅管理株式会社
　技術士（衛生工学）　建築設備士　一級管工事施工管理技士等

そこが知りたい
マンション大規模修繕Q&A

2013年7月10日　第1刷発行

監修・著　岡　廣樹
著　者　　三浦　明人
　　　　　呼子　政史
　　　　　井上　一也

発 行 者　坪内　文生

発 行 所　鹿島出版会
　　　　　104-0028　東京都中央区八重洲2丁目5番14号
　　　　　Tel.03（6202）5200　振替 00160-2-180883

落丁・乱丁本はお取り替えいたします。
本書の無断複製（コピー）は著作権法上での例外を除き禁じられています。また、代行業者等に依頼してスキャンやデジタル化することは、たとえ個人や家庭内の利用を目的とする場合でも著作権法違反です。

装丁・DTP：有朋社　　印刷・製本：壮光舎印刷
©Hiroki OKA, Akito MIURA, Masashi YOBUKO,
Kazuya INOUE　2013, Printed in Japan
ISBN 978-4-306-01157-1 C0052

本書の内容に関するご意見・ご感想は下記までお寄せ下さい。
URL：http://www.kajima-publishing.co.jp/
e-mail：info@kajima-publishing.co.jp